The Conquest of
TOEIC Grammar

토익 문법
완전정복

머 리 말

　이번 개정판 『토익문법 완전정복』은 토익에 관한 문법적인 면을 보다 쉽고 일목요연하게 개정함으로써 지난번의 아쉬움을 조금이나마 달래볼 수 있게 되었다는 점에서 그 의의가 있다고 하겠다.

　토익문법은 토익 리딩에만 필요한 요소가 아니라는 것을 토익공부를 어느 정도 한 사람이라면 주지하는 사실이다.
　토익을 공부하는 사람들은 토익 리스닝에서도 잘 안 들리는 부분은 문법적으로 해결하면 풀릴 때도 있다는 것을 많이 경험했을 것이다.
　이렇게 문법은 듣기와 쓰기에 골고루 접목되는 필수적인 요소이다.

　이 책은
　총 14장으로 이루어져 있다.
　각 장마다 핵심적인 설명을 쉽고 자세하게 해 놓음으로써 강의를 듣지 않고 혼자 공부하는 사람도 충분히 학습할 수 있도록 했다.
　각 장의 상세한 설명 다음에는 그 설명을 문제에서 활용하여 실전감각을 익히도록 Mini Test를 풀도록 했다.
　문법필수요소와 핵심 사항을 누구나 어렵지 않게 공부하고, 또 강의를 들어도 머리에 쏙쏙 들어오도록 중요한 것들을 도식화하여 재차 강조한 것도 두드러진 특징 중의 하나이다.

　이 책을 가지고 독학을 하는 사람이든 아니면 학교에서 강의를 듣는 학생이든 어느 누구에게나 이 책은 토익문법에 관한 어려움을 해결하도록 도움을 줄 것이다. 또한 필자는 이 책이 학습자가 토익실전에서 자신감을 획득하고 더 나아가 좋은 점수를 올리는 데에 조금이나마 기여를 할 것이라는 기대감과 바람을 가져본다. 부디 여러분의 건투를 기원한다.

　마지막으로 개정판이 나오기까지 여름날 더위와 싸워가면서 고생하신 사장님과 편집부 직원 여러분의 노고에 진심으로 고마움을 전하는 바이다.

2014. 7월 伏中
계양산 자락에서　저자 씀

CONTENTS

CONTENTS

CONTENTS

CONTENTS

문장의 기초

1 문장의 형식

1) 제 1형식: 주어(S) + 동사(V)

<u>The sun rises</u> in the east. (in the east는 수식어다)

해는 동쪽에서 뜬다.

2) 제 2형식: 주어(S) + 동사(V) + 보어(C)
(보어의 자리에는 명사와 형용사가 온다)

a. My professor is <u>Mr. Kim</u>.(명사가 보어로 쓰임)

우리 교수님은 Mr. Kim이다.

b. He is very <u>diligent</u>.(형용사가 보어로 쓰임)

그는 매우 부지런하다.

3) 제 3형식: 주어 + 동사 + 목적어(O)

I don't know his cell phone number.

나는 그의 휴대폰 번호를 모른다.

4) 제4형식: 주어 + 동사 + 간접목적어(I.O) + 직접목적어(D.O)
(~에게 ~을 ~하다)

My father gave <u>me a book</u> yesterday.

나의 아버지는 어제 나에게 책 한 권을 주셨다.

5) 제 5형식: 주어 + 동사 + 목적어 + 목적보어(O.C)

Her family always makes <u>her</u> <u>happy</u>.

그녀의 가족은 늘 그녀를 기쁘게 한다.

2 동사의 쓰임새

1) 완전 자동사

1형식에 쓰이는 동사로서 주어와 동사만으로도 하나의 완전한 문장
이 된다.

be	~이 있다	come	오다
go	가다	run	달리다
eat	먹다	exist	존재하다
rain	비오다	snow	눈 내리다
rise	떠오르다	leave	떠나다
die	죽다	sleep	잠자다
occur	발생하다	fly	날다
talk	말 하다	lie	거짓말하다
stay	머무르다	appear	나타나다
disappear	사라지다		

📝 Money talks.

돈이 말한다. (돈이면 뭐든지 다 된다는 뜻)

2) 불완전 자동사

2형식에 쓰이는 동사이다.

주어와 동사만으로는 하나의 문장이 성립 되지 않는다.

그러므로 주어의 상태를 보충해주는 주격보어를 필요로 하는 동사를 말한다.

우리말 번역은 "~한 상태가 되다" 이다.

be	~하다	appear	~인 것처럼 보이다
feel	~한 기분이 들다	remain	~한 상태로 있다
seem	~인 것처럼 보이다	smell	~한 냄새가 나다
look	~하게 보이다	taste	~한 맛이 나다
get	~한 상태가 되다	grow	~이 되다
turn	~이 되다	sound	~하게 들리다
go	~의 상태로 되다	keep	~인 채로 있다
become	~이 되다		

He kept silent all the time.

그는 언제나 조용히 있었다.

3) 완전 타동사

주어, 동사, 목적어로 이루어지는 3형식 문장을 말한다.

keep	계속 ~하게 하다	discuss	토론하다
eat	먹다	buy	사다

know	알다	love	사랑하다
suspect	의심하다	take	취하다
finish	마치다	want	원하다
like	좋아하다	spend	소비하다
hope	희망하다	bring	가져오다
see	보다	have	가지다
make	만들다	permit	허용하다
receive	받다	tell	말하다
say	말하다		

📝 We discussed the difficult problems all day long.

우리는 종일 어려운 문제들을 토의했다.

4) 불완전 타동사

5형식에서 쓰이는 동사로, 목적어의 상태를 보충해주는 목적보어가
반드시 필요하다.

think	~을 …라고 생각하다	find	~을 …라고 알다
know	~을 …라고 알다	believe	~라고 생각하다
consider	~을 …라고 여기다	keep	~을 …하게 두다
like	좋아하다	want	원하다
warn	경고하다	choose	~을 고르다
name	~을 ~라고 부르다	advise	충고하다
allow	허락하다	permit	허용하다
invite	초대하다	lead	~을 ~로 이끌다
order	명령하다		

I want you to love him.

나는 당신이 그를 사랑하기를 바란다.

목적보어로는 명사, 형용사뿐만 아니라 to 부정사와 동명사도 올 수 있다.

5) 4형식에 쓰이는 동사

간접목적어와 직접목적어를 동시에 한 문장에서 취한다.
4형식의 문장을 3형식으로 바꾸어 쓸 수 있는데,
동사에 따라 전치사 to, for, of 를 달리 취한다는 점에 주의해야 한다.

a. He gave <u>me</u> <u>a piece of advice</u>. (4형식)

= He gave a piece of advice <u>to me</u>.

(give동사는 3형식으로 바꾸어 쓸 때 전치사 to를 취한다.)

그는 나에게 충고 한마디를 해주었다.

give처럼 직접목적어 + to + 간접목적어 형태로 쓰이는 동사들

send	부치다	sell	팔다
show	보여주다	teach	가르치다
tell	말하다	owe	빚지다
pay	주목하다	hand	건네주다
give	주다	lend	빌려주다
bring	가져오다	write	쓰다

b. She bought her daughter a pretty doll. (4형식)

   = She bought a pretty doll for her daughter. (3형식)

   그녀는 딸에게 예쁜 인형을 사주었다.

📝 buy 처럼 직접목적어 + for + 간접목적어 형태로 쓰이는 동사들

get	얻다		find	찾다
buy	사주다		do	하다
make	만들어주다		cook	요리해주다
choose	고르다			

c. May I ask you a favor?

   (4형식 – 당신에게 부탁 하나 해도 될까요?)

   = May I ask a favor of you? (3형식)

📝 ask처럼 직접목적어 + of + 간접목적어 형태로 쓰이는 동사들

demand	요청하다		inquire	문의하다

Mini Test

1. That story sounds (   ); I can't believe it.
   - (a) strangely
   - (b) strangeness
   - (c) stranging
   - (d) strange

2. He must have left the water (   ).
   - (a) ran
   - (b) running
   - (c) run
   - (d) to run

3. Honesty will (   ) in the long run.
   - (a) get
   - (b) earn
   - (c) pay
   - (d) go

4. The CEO was so tired that he (   ) down and slept.
   - (a) lay
   - (b) laid
   - (c) lied
   - (d) lain

5. The judge explained (   ).
   - (a) the rules of the game to us
   - (b) to us the rules of the game
   - (c) the rules of the game for us
   - (d) us the rules of the game

Unit **1** 문장의 기초 정답 및 해설

 정 답

1	(d)	2	(b)	3	(c)	4	(a)	5	(a)

 해 설

1.

~하게 들린다 라는 뜻의 동사 sound는 형용사를 보어로 취하는 불완전자동사이다. 그러므로 strange를 써야 한다. 다만, 우리말 번역은 '이상하게 들린다' 라고 부사처럼 한다. 이런 종류의 동사에는 look, feel, taste, smell 등이 있다.

번역: 그 이야기는 이상하게 들려. 난 못 믿겠어.

2.

동사 leave의 쓰임새를 알아보자.

leave + 목적어 + ~ing	…을 어떤 상태로 두다 (목적어 능동)
leave + 목적어 + 과거분사	…을 어떤 상태로 두다 (목적어 수동)
leave + 목적어(사람) + to부정사	…을 ~하게 내버려 두다

그러므로 목적어 water 가 능동으로 흐르기 때문에 running 이다.

must have + 과거분사	~했음에 틀림없다

번역: 그가 물이 흐르게 놔둔 게 틀림없다.

3.

'보답을 받는다' 라는 뜻의 동사 pay가 완전자동사로 쓰인 문장이다.
in the long run은 '결국에는' 이라는 수식어에 불과하다.
동사 get, earn 은 목적어를 취해야 하므로 쓸 수 없고,
go 도 완전자동사로 쓰이긴 하지만 이 문장에서는 말이 안 된다.
정직은 결국에는 보답 받는다라는 뜻이다.

번역: 정직해서 손해날 것 없다.

4.

이 문장에서 시제가 과거이므로 과거형 동사를 찾아야 한다.

(a)의 동사 lay는 원형도 있지만 '눕다'라는 동사 lie의 과거형이기도 하다.

혼동하기 쉬운 동사들의 의미와 변화형을 익히자.

lie - lay - lain (눕다)

lie - lied - lied (거짓말하다)

lay - laid - laid (놓다)

그러므로 '누워서' 라는 뜻으로 lay down을 써야 한다.

번역: 그 사장은 너무 피곤해서 누워 잠들었다.

5.

동사 exlpain을 수여동사로 착각하기 쉬우므로 활용에 유의해야 한다.

수여동사는 두 개의 목적어 즉, 간접목적어와 직접목적어를 한 문장에서

동시에 취하는 동사를 말하는데 explain은 수여동사가 아니다.

explain + 목적어 ~을 설명하다

explain + 목적어 + to 사람 ~에게 …을 설명하다

explain + to 사람 + that 절 ~에게 that 절 이하를 설명하다

explain 처럼 쓰이는 동사들을 알아두자.

announce	알리다	introduce	소개하다
suggest	제안하다	mention	언급하다
propose	제안하다		

번역: 심판은 우리에게 경기의 규칙을 설명했다.

시제

1 현재시제

1) 현재의 상태 및 동작

My father is in good health.

아버지는 건강이 좋으시다.

Here comes my supervisor.

여기 감독관이 오신다.

2) 현재의 습관, 반복적 사실

He always brushes his teeth three times a day.

그는 항상 하루에 세 번 양치질 한다.

3) 불변의 진리

The earth moves around the sun.

지구는 태양 주위를 돈다.

4) 시간과 조건의 부사절에서 미래대용으로 쓴다.

Let us pray before we ~~will go~~ (go) to bed.

잠자기 전에 기도합시다.

If it ~~will rain~~ (rains) tomorrow, he will not go out.

내일 비가 온다면, 그는 외출하지 않을 것이다.

5) 왕래, 발착동사 (go, start, leave, arrive, depart 등)

My cousin ~~will arrive~~ (arrives) here at 6:00 in the morning.

사촌이 아침 6시에 여기에 도착할 것이다.

📝 현재시제에 주로 쓰이는 부사들을 알아두자.

generally **usually**	일반적으로 보통

always	항상

2 과거시제

1) 과거의 동작 및 상태

She bought a dishwasher last weekend.

그녀는 지난 주말에 식기 세척기를 샀다.

2) 과거의 습관

He sent the information to them the other day.

(그는 요전 날에 그들에게 정보를 보내 주었다.)

3) 역사적 사실

Marie Curie discovered radium.

(큐리 부인은 라듐을 발견했다.)

과거시제에 주로 쓰이는 부사(구)들을 알아두자

yesterday	어제	last week	지난 주
last month/year	지난 달 / 해	ago	전에
at that time	그 당시에	the other day	전 날에

3 미래시제

1) will(shall) + 동사원형

He will take two weeks' holiday in winter.
그는 겨울에 2주 휴가를 쓸 것이다.

2) be going to의 뜻으로 지금의 의도를 나타낸다.

I'm going to play soccer with my classmates.
나는 급우들과 축구를 할 것이다.

3) 진행형이지만 가까운 미래를 나타낸다.

When are you coming here?
너는 언제 여기 올거니?

📝 미래시제에 주로 쓰이는 부사(구)들

tomorrow	내일	next week/month/year	다음 주 / 다음 달 / 내년
in a few days	며칠 지나서	in ten minutes	10분 경과해서

4 진행시제

1) 현재진행: be동사의 현재형 + 동사원형+ing

What are you looking for now?

너는 지금 무엇을 찾고 있니?

2) 과거진행: be동사의 과거형 + 동사원형 + ing

He was watching TV when I called.

그는 내가 전화했을 때 TV를 보고 있었다.

5 진행형으로 쓸 수 없는 동사

1) 존재나 소유동사

be, exist, have, possess, belong to, live, resemble

★ I ~~am having~~ (have) much money.

나는 돈이 많다.

★ I am having a special dinner with my family. (0)

나는 가족과 특별 저녁을 먹고 있다.

2) 지각, 감각동사

see, like, love, hate, desire, prefer

3) 사고, 지식동사

know, mean, understand, believe, remember, think

★ I ~~am understanding~~(understand) you.

나는 너를 이해한다.

4) 순간적, 일시적 동작동사

sit, stand, start

6 현재완료

형태는 have/has + p.p. 이다.

과거에 일어난 동작이나 상태가 현재까지 영향을 미치는 것을 나타낸다.

She has lived in Seoul for 20 years.

그녀는 서울에 20년째 살고 있다. (20년 전부터 지금까지 살고 있다는 뜻)

* 현재완료는 과거표시부사인 last + 시간명사, when, just, now 등
과 함께 쓸 수 없다.

현재완료에 주로 쓰이는 부사(구)들을 알아두자.

for	~ 동안	for the last ten years	지난 10년 간
since	~이래로	recently	최근에
so far	지금까지	over the past years	지난 수년간

1. His sister (   ) to New York.

   (a) has gone not

   (b) has never been

   (c) have not gone

   (d) have never been

2. I'm afraid that it (   ) rainy tomorrow.

   (a) will be   (b) is

   (c) was   (d) will

3. Let's go out (   )

   (a) if he came back.

   (b) when he will come back

   (c) his coming back

   (d) when he comes back

4. His grandfather (   ) five years ago.

   (a) was died   (b) had died

   (c) dead   (d) died

5. You can't begin the test until the professor (   ) so.

   (a) shall say   (b) will say

   (c) says   (d) is saying

Unit **2** 시제 정답 및 해설

 정답

| 1 | (b) | 2 | (a) | 3 | (d) | 4 | (d) | 5 | (c) |

 해설

1.

현재완료의 형태는 have(has) + 과거분사 (p.p.)이다.

주어가 3인칭 단수이므로 조동사는 has 가 나와야 한다.

조동사의 부정은 **조동사 + not** 이다.

그러므로 has never been 이 답이다.

번역: 그의 여동생은 뉴욕에 갔다 온 적이 없다.

2.

that 절에서 tomorrow가 쓰인 것으로 보아 미래를 뜻한다.

미래를 나타내는 조동사는 will 이므로 조동사 다음에

동사 원형을 써야 하므로 will be 가 된다.

번역: 내일 비가 올까 걱정이다.

3.

시간과 조건을 나타내는 부사절에서는 현재시제가 미래시제를 대신한다.

시간을 나타내는 접속사는 when, before, after, until, as 등이 있다.

'그가 돌아올 때' 라는 시간을 나타내므로 현재시제인 comes back 을 쓴다.

번역: 그가 돌아올 때 나갑시다.

4.

'~전에' 를 뜻하는 ago 는 항상 **과거시제**와 함께 사용한다.

'5년 전' 이라는 과거를 나타내는 동사는 died 이다.

번역: 그의 할아버지는 5년 전에 돌아가셨다.

5.

3번 문제와 같이 시간을 나타내는 부사절은 현재시제가 미래를 대신한다는 것을 묻고 있는 문제이다.

'교수가 그렇게 하라고 말할 때까지' 라는 시간을 뜻하므로 현재형으로 써서 the professor says 가 된다.

참고로, 조건을 나타내는 부사절을 예를 들어보자.

If it will rain tomorrow, I will stay home. (X) – 비문

이 문장이 틀린 이유는 조건을 나타내는 부사절을 미래로 썼기 때문이다.

If it rains tomorrow, I will stay home. (O)

내일 비가 온다면 나는 집에 있을 것이다.

현재형으로 써야 올바른 문장이다.

★ 다음 문장을 보자.

 I don't know when he will come home. (O)

 I don't know when he comes home. (X) – 비문

 나는 그가 언제 집에 올지 모르겠다.

위의 예문은 when 이하가 시간을 나타내는 부사절이 아니라

문장에서 목적어 역할을 하는 명사절이기 때문에 비문처럼 써서는 안 된다.

부정사

1 종류

- to 부정사 : to +동사원형을 말한다.
- 원형 부정사 : to가 붙지 않은 동사원형을 말한다.

2 to 부정사의 용법

1) 명사적 용법

문장에서 주어, 보어, 목적어의 역할을 한다.

To please all the students is difficult. (주어)
모든 학생들을 만족시키는 것은 어렵다.

My wish is **to become** a flight attendant. (보어)
내 꿈은 승무원이다.

The airplane managed **to land** on time. (목적어)
비행기는 가까스로 제 시각에 도착했다.

2) 형용사적 용법

to 부정사가 명사 뒤에서 수식한다.

I have a question to ask you.
여쭤볼 게 있습니다.

3) 부사적 용법

to 부정사가 부사처럼 동사, 형용사, 부사 또는 문장 전체를 수식하여 ① 목적, ② 원인, ③ 이유, ④ 조건, ⑤ 결과의 뜻을 나타낸다.

① **To fill** your order promptly, please complete your forms thoroughly. (목적)

주문 물품을 빨리 실으시려면 양식서를 제대로 써 주세요.

② I was very happy **to hear** from you so soon. (원인)

당신에게서 그렇게 빨리 소식을 듣게 되어 아주 기뻤어요.

③ He must be crazy **to do** such a thing. (이유)

그가 그런 일을 하다니 미쳤음에 틀림없네요.

④ **To hear** him speak English, you would take him for an American. (조건)

그가 영어를 말하는 것을 듣는다면 당신은 그를 미국사람으로 착각할 것이다.

⑤ I awoke **to find** myself famous. (결과)

나는 일어나 보니 내 자신이 유명해진 것을 알았다.

3 to 부정사의 의미상 주어 – 문장에서 to부정사를 행하는 주체를 말한다.

1) 의미상 주어와 문장의 주어가 같은 경우

I want **to pass** the exam. 나는 시험에 합격하기를 바란다.

➡ 이 문장의 주어 I가 to pass 의 의미상 주어이다.

2) 의미상 주어가 문장의 목적어인 경우

I want you **to pass** the exam.

나는 당신이 시험에 합격하기를 바랍니다.

➡ 동사 want의 목적어인 you가 시험에 합격해야하는 사람이므로 to pass의 의
미상 주어가 된다.

4 It is/was + 형용사 + of + 목적어인 경우

사람의 성격, 특성, 성질을 나타내는 형용사가 나올 경우에는 의미상
의 주어로 전치사 of + 목적격으로 표현한다.

It is very kind of him to help me.

그는 나를 도와 줄 정도로 아주 친절하다.

= He is very kind to help me.

* I am very kind of him to help. 목적어를 주어로 쓸 수 없다.

📝 of + 목적어로 쓰이는 형용사들을 알아두자

careful	주의 깊은	careless	부주의한
kind	친절한	wise	현명한
foolish	멍청한	stupid	어리석은
silly	어리석은	polite	공손한
rude	무례한	impolite	버릇없는
cruel	잔인한	honest	정직한
wicked	사악한	clever	영리한
generous	관대한	thoughtful	사려 깊은
brave	용감한	considerate	신중한
bold	대담한		

⑤ It is/was + 형용사 + for + 목적어인 경우

to 부정사 앞에 나오는 전치사 for + 목적어가 의미상의 주어이다.

It is natural for you to be proud of me.

네가 나를 자랑스러워하는 것도 당연하지.

➡ 나를 자랑스러워하는 것은 목적어 you이므로 to부정사의 의미상 주어이다.

📝 for + 목적어로 쓰이는 형용사를 알아두자

possible	가능한	difficult	어려운
hard	어려운	convenient	편리한
natural	당연한	easy	쉬운
necessary	필수적인	impossible	불가능한
lucky	행운의	dangerous	위험한
desirable	바람직한	fortunate	운 좋은
important	중요한	interesting	재미있는
proper	적당한	reasonable	합리적인
useful	유용한	strange	이상한
surprising	놀라운	regrettable	후회스러운

6 원형부정사

to가 없는 동사원형을 말한다.
사역동사와 지각동사의 목적보어로 쓰인다.

1) 사역동사

① have, make, let + 목적어(사람) + 원형부정사 : ~에게 ~하라고
시키다 (능동)

My mom had me ~~to wash~~ (wash) the dishes.
엄마가 나에게 설거지하라고 시켰다.

➡️ 설거지를 하는 주체는 목적어인 me다. 능동의 뜻을 나타내므로 원형부정사 wash를 쓴다.

② have, make, let + **목적어(사물)** + **p.p.** : 사물이 ~하게 되다 (수동)

I had my car ~~fix~~ (fixed) last Friday.

나는 지난 주 금요일에 내 차를 수리하도록 시켰다.

➡️ 목적어인 내 차가 수리를 받는 수동의 뜻이므로 p.p.형태를 쓴다.

2) 지각동사

① see, hear, feel, watch, notice + **목적어(사람)** + **원형부정사 / ~ing**

(능동) ~가 ~하게 하다

I saw him ~~to study~~ (study) English last night.

나는 어젯밤에 그가 영어 공부하는 것을 봤다.

➡️ 목적어인 him이 능동적으로 공부를 하는 것이므로 원형부정사를 쓴다.

② see, hear, feel, watch, notice + **목적어(사물)** + **p.p. (수동)**

목적어(사물)가 ~하게 되다

I heard the window ~~broke~~ (broken).

나는 창문이 깨지는 소리를 들었다.

➡️ 목적어가 사물이므로 break를 당하는 뜻으로 p.p.형태를 쓴다.

7 원형부정사의 관용어구

1) cannot but + 원형부정사 (~하지 않을 수 없다)

(= cannot help -ing)

I cannot but smile with wonder.

나는 경이로움으로 미소 짓지 않을 수 없다.

2) do nothing but + 원형부정사 (~하기만 하다)

He did nothing but wave at me.

그는 나에게 손을 흔들기만 했다.

3) had better + 원형부정사 (~하는 게 좋다. 약한 명령의 뜻이 있다)

You had better see a doctor before the bad cold gets worse.

독감이 더 악화되기 전에 병원에 가봐라.

4) would rather + A(원형부정사) + than +B(원형부정사)

B하기 보다는 차라리 A하겠다

I would rather wait and see than fight.

나는 싸우기 보다는 차라리 기다리고 보겠다.

8 to 부정사를 목적어로 취하는 동사

afford	~할 여유가 있다	agree	동의하다
claim	요구하다, 주장하다	consent	동의하다
decide	결정하다	deserve	~할만하다
determine	결정하다	fail	실패하다
hesitate	주저하다	hope	희망하다
intend	의도하다	manage	경영하다
offer	재공하다	prepare	계획하다
need	필요하다	require	요구하다
promise	약속하다	desire	바라다
seem	~인 것 같다	long	갈망하다
seek	구하다	happen	생기다
order	명령하다	demand	요구하다
resolve	결심하다	refuse	거부하다
plan	계획하다	learn	배우다
care	좋아하다	want	원하다
pretend	~인척하다	prefer	~을 더 좋아하다
wish	소망하다	choose	선택하다
attempt	시도하다	expect	기대하다

Mini Test

1. My boss wants me (   ) a good job on the project.
   (a) do   (b) doing
   (c) to do   (d) did

2. His talk is too difficult for me (   ).
   (a) to understand   (b) to understand it
   (c) understand it   (d) for understanding

3. It is not wise (   ) to be angry with him.
   (a) for you   (b) to you
   (c) that you   (d) of you

4. Have you decided when (   ) to the new office?
   (a) to move   (b) will move
   (c) moving   (d) move

5. The manager asked the marketing team (   ) the customer trends.
   (a) analyze   (b) analyzed
   (c) analyzing   (d) to analyze

Unit **3** 부정사 정답 및 해설

 정 답

| 1 | (c) | 2 | (a) | 3 | (d) | 4 | (a) | 5 | (d) |

 해 설

1.

want 동사의 활용을 알아보자.

want + to 부정사 　　　　　　　　하기를 바란다

want + 목적어 + to 부정사 　　　~가 …하기를 바란다

문제에서는 목적어인 me 가 to부정사를 하는 주체이다.

그래서 me to do 로 써야 한다.

do a good job 　　　　　　~을 잘 하다

번역: 나의 상사는 내가 그 프로젝트를 잘 하기를 바란다.

2.

too ~ to부정사 용법은 '너무 ~해서 ~할 수 없다' 의 뜻이다.

so ~ that ~ cannot 으로 바꾸어 쓸 수 있는데

주의할 점은

too ~ to부정사는 단문이므로 문장 끝에 목적어를 또 쓸 수 없다.

so ~ that ~ cannot은 복문이므로 문장 끝에 목적어를 써야 한다.

예를 들어 설명하면 다음과 같다.

This book is too difficult for you to understand. (O)

This book is too difficult for you to understand it. (X)

This book is so difficult that you can't understand it. (O)

This book is so difficult that you can't understand. (X)

3.

'It is + 형용사 + 전치사 of / for + 목적격 + to 부정사' 의 구문에서
to 부정사의 의미상의 주어를 표시할 때 목적격 앞에 쓰이는 전치사는
앞에 나오는 형용사에 따라서 결정된다.
사람의 성격, 성향, 특성 형용사 + of + 목적격
foolish(어리석은)   wicked(사악한)   unkind(불친절한)   stupid(멍청한)
silly(아둔한)   generous(관대한)   wise(현명한)   cruel(잔인한) 등
문제에서는 형용사가 wise이므로 of you 로 표현한다.

번역: 네가 그에게 화를 내는 것은 현명하지 않다.

4.

동사 decide의 활용을 알아보자.
decide + to부정사   …을 결심하다
decide + 목적어 + to 부정사   …을 결심하게 하다
decide + 의문사 to부정사   의문사 할지를 결심하다
문제에서 decided when to move = decided when he should move 로 써도 같은
뜻이다.

번역: 새로운 사무실로 언제 옮길지 결정했나요?

5.

동사 ask의 쓰임새는 다음과 같다.
ask + to부정사   ~하기를 요청하다
ask + 목적어 + to부정사   ~가 …하기를 요구하다
analyze   분석하다   analysis   분석
analyst   분석가

번역: 매니저는 판매부서가 고객 트렌드를 분석하라고 요청했다.

동명사

1 용법

동사원형 + ing의 형태이다.

문장에서 주어, 보어, 목적어 역할을 한다.

Drinking too much is harmful to your health. (주어)

술을 너무 많이 마시는 것은 너의 건강에 해롭다.

He had finished ~~to do~~ (doing) his homework. (목적어)

그는 그의 숙제를 마쳤다.

➡ 동사 finish 는 목적어로 동명사를 취해야 하므로 doing을 쓴다.

Her dream is becoming a flight attendant. (보어)

그녀의 꿈은 승무원이 되는 것이다.

2 동명사의 의미상 주어

동명사의 의미상 주어는 동명사를 행하는 주체를 뜻한다.

보통 소유격 + 동명사로 나타낸다.

1) 문장의 주어 = 동명사의 의미상 주어

문장에서 동명사를 행하는 주체가 주어이면 의미상의 주어는 생략한다.

Would you mind opening the window?

창문 좀 열어 주시겠습니까?

➡ 주어 you가 opening의 주체이므로 소유격을 생략한다.

2) 문장의 주어 ≠ 의미상의 주어

문장의 주어와 의미상의 주어가 일치하지 않을 때에는 소유격이나 목적격으로 나타낸다.

Would you mind **my** opening the window? (소유격)

제가 창문 좀 열어도 되겠습니까?

➡ 주어 you 와 opening의 주체가 다르다. 그러므로 소유격 my를 쓴다.

I am sorry about ~~your~~ (you) being treated that way. (목적격)

당신이 그런 식으로 대우받은 것에 대하여 죄송하게 생각합니다.

➡ 의미상의 주어가 수동형태의 동명사인 경우에는 목적격으로 쓴다.

3 동명사를 목적어로 취하는 동사

finish	끝내다	give up	포기하다
discontinue	그만두다	quit	그만두다
stop	멈추다	risk	～을 각오하고 해보다
dislike	싫어하다	avoid	회피하다
resist	저항하다	put off	연기하다
postpone	미루다	delay	～을 지연시키다
admit	허용하다	advocate	주창하다
consider	고려하다	appreciate	감사하게 여기다
enjoy	즐기다	deny	부정하다
permit	허용하다	imagine	상상하다
recall	회상하다	practice	실천하다
suggest	제안하다	recommend	추천하다

The company is considering ~~to relocate~~ (relocating) production facilities to cut down on shipping costs.

그 회사는 선적 비용을 줄이기 위해서 생산 설비를 재배치할 것을 고려하고 있다.

4 동명사와 to부정사를 둘 다 목적어로 취할 수 있는 동사

begin	시작하다	**continue**	계속하다
like	좋아하다	**propose**	제안하다
start	시작하다	**hate**	싫어하다
prefer	선호한다		

He can begin working (=to work) with us from next Monday.
그는 다음 주 월요일부터 우리와 함께 일을 시작할 수 있다.

5 동명사와 부정사 둘 다 목적어로 취하지만 뜻이 달라지는 동사

1) remember, forget + 동명사 : ~했던 것을 기억하다/잊다 (과거의 일)

remember, forget + to부정사 : ~ 할 것을 기억하다/잊다 (미래의 일)

I remembered posting my letter. (과거)
나는 편지를 부친 것을 기억했다.

I remembered to post my letter. (미래)
나는 편지를 부칠 것을 기억했다.

2) stop + 동명사 : ~하는 것을 멈추다/ 그만두다

stop + to부정사 : ~하기 위해 멈추다/그만두다 (목적)

He stopped drinking.

그는 술을 끊었다.

➡ 동명사는 그 자체를 그만두는 것을 뜻하므로 단주했다는 의미다.

He stopped to drink.

그는 술을 마시기 위해서 멈췄다.

➡ to부정사는 ~하기 위해서라는 목적의 뜻이므로 술을 마시기 위해서 하던 일을
멈추었다는 의미다.

3) try + 동명사 : 시험 삼아 ~해보다

try + to부정사 : ~하려고 노력하다

I tried telling her a joke.

나는 그녀에게 시험 삼아 농담을 해봤다.

I tried to tell her a joke.

나는 그녀에게 농담을 하려고 애썼다.

6 동명사의 관용적인 표현

be accustomed to −ing =be used to −ing = get used to −ing	~에 익숙하다
be aware of −ing	~을 알고 있다
be busy (in) −ing = be engaged (in) −ing	~하느라 바쁘다
be capable of −ing	~을 할 수 있다
be dedicated to −ing	~ 에 전념하다
be devoted to −ing	~에 헌신/몰두하다,
be opposed to −ing	~에 반대하다
be worth −ing =be worthy of −ing =deserve −ing	~할 가치가 있다
cannot help −ing	~하지 않을 수 없다
contribute to −ing	~에 기여하다
insist on −ing	~하기를 주장하다
have difficulty(trouble/ bother/ a hard time) −ing	~하는데 어려움을 겪다
instead of −ing	~하는 대신에
feel like −ing	~하고 싶다
It is no use −ing	~해도 소용없다
look forward to −ing	~하기를 고대하다
It goes without saying that −	~은 말할 것도 없다

make a point of −ing	
= be in the habit of −ing	~하는 것을 규칙으로 하고 있다
= have a habit of −ing	
never A without −ing	A하면 반드시 ~한다
object to −ing	~에 반대하다
of one's own −ing	손수 ~한
On(Upon) −ing	~하자마자
There is no −ing	결코 ~하지 않다
When it comes to −ing	~를 말할 때
spend time(money) −ing	~하는데 시간/돈을 쓰다
What do you say to −ing?	
= What(How) about −ing?	
= What do you think of(about) −ing?	~하는 게 어때?
prevent (keep/ stop/ prohibit /hinder) from A −ing	A가 ~하지 못하게 막다

It never rains without ~~pour~~ (pouring).

비가 오면 퍼붓는다.

That is not a profession of his own ~~to choose~~ (choosing).

그 직업은 그가 직접 선택한 것이 아니다.

It is no use (crying) over spilt milk.

이미 엎질러진 물이다.

I am looking forward to ~~meet~~ (meeting) you in person to discuss the matter.

저는 그 문제를 논의하기 위해서 당신을 직접 만나기를 바랍니다.

Mini Test

1. Did you go (　　) a bike last weekend?
   - (a) to riding
   - (b) riding
   - (c) for ride
   - (d) on riding

2. She gave up (　　) the computer and decided (　　) a new one.
   - (a) fix, buy
   - (b) to fix, to buy
   - (c) fixing, buying
   - (d) fixing, to buy

3. We'll soon get used to (　　) here.
   - (a) living
   - (b) be lived
   - (c) live
   - (d) lived

4. The Girls' Generation must be busy (　　) fan letters from various parts of the world.
   - (a) in answer
   - (b) by answering
   - (c) to answer
   - (d) answering

5. Last summer they enjoyed (　　) through Europe by train.
   - (a) travel
   - (b) traveling
   - (c) to travel
   - (d) traveled

Unit 4 동명사 정답 및 해설

 정 답

1	(b)	2	(d)	3	(a)	4	(d)	5	(b)

 해 설

1.

go ~ing 에 대한 표현을 아는지 묻는 질문이다.

'자전거 타러 가다' 라는 표현은 'go riding a bike' 이다.

go fishing	낚시하러 가다	go hiking	하이킹 하러 가다
go boating	뱃놀이 하러 가다	go hunting	사냥하러 가다
go mountain-climbing	등산하러 가다	go shopping	장보러 가다
go picnicking	소풍가다	go shooting	사격하러 가다
go swimming	수영하러 가다	go skating	스케이트 타러 가다
go skiing	스키 타러 가다	go skateboarding	스케이트보드 타러 가다

번역: 지난 주말에 자전거 타러 갔었니?

2.

give up은 동명사를 목적어로 취한다.

decide는 to부정사를 목적어로 취하는 동사다.

그러므로 gave up fixing 과 decided to buy가 와야 한다.

동명사를 목적어로 취하는 동사들은 다음과 같다.

stop, postpone, put off, finish, imagine, mind

enjoy, consider, avoid, deny, admit, escape 등

to부정사를 목적어로 취하는 동사들은 다음과 같다.

wish, care, want, hope, choose, decide

plan, refuse, intend, expect, learn, agree 등

번역: 그녀는 컴퓨터 고치기를 포기하고 새 것을 사기로 결심했다.

3.

'~하는데 익숙하다' 라는 표현은 get used to ~ing = be used to ~ing 이다.

be used to부정사와 혼동해서는 안 된다.

Some vegetables are used to <u>feed</u> rabbits in my village.

우리 마을에서 어떤 채소들은 토끼에게 먹이기 위해서 이용된다.

번역: 우리는 곧 여기에서 사는 데 익숙해질 것이다.

4.

'~하느라 바쁘다' 는 be busy (in) ~ing 로 나타낸다.

전치사 in 은 생략이 가능하다.

must be busy <u>in</u> answering fan letters ∼ 로 써도 좋다.

번역: 소녀시대는 세계 곳곳에서 오는 팬 레터에 답장하느라 바쁘다.

5.

enjoy는 동명사를 목적어로 취하는 동사이므로

enjoyed traveling 로 쓴다.

번역: 지난 여름에 그들은 기차로 유럽을 여행했다.

Memo

분 사

1 분사의 종류

1) 현재분사

동사원형 +-ing형태

'~하는,' '~하게 하는'의 뜻으로 진행과 능동의 의미

He is working in the garden. (진행)

그는 정원에서 일하고 있다.

The exciting soccer game made me happy. (능동)

열광적인 축구 경기는 나를 기분 좋게 했다.

2) 과거분사 (p.p.)

'~해 버린,' '~ 된' 의 뜻으로 완료와 수동의 의미

The street was filled with a lot of fallen leaves. (완료)

거리는 많은 낙엽으로 가득 찼다.

Left alone, he began to write a letter. (수동)

= When he was left alone, he began to write a letter.

2 분사의 용법

1) 분사가 뒤에 있는 명사를 수식한다.

> I heard disappointing news from him.
>
> 나는 그에게서 실망스러운 소식을 들었다.
>
> ➡ 현재분사가 뒤에 있는 명사를 수식한다.

> The wounded man died on the way to the hospital.
>
> 부상당한 사람은 병원으로 가는 도중에 죽었다.
>
> ➡ 과거분사(p.p.)가 뒤에 있는 명사를 수식한다.

2) 분사가 앞에 있는 명사를 수식한다.

> 분사가 명사 뒤에서 수식하는 경우에는 명사와 분사사이에
>
> **주격관계대명사 + be 동사**가 생략된 것으로 본다.

> The woman (who was) driving the car indicated that she was
>
> going left and then turned right.
>
> 차를 운전하는 그 여자는 좌회전하고 나서 우회전하겠다는 표시를 했다.

> The concert (which was) given by the philharmonic orchestra
>
> was a great success.
>
> 그 교향악단이 한 연주는 대 성공이었다.

③ 분사의 보어 역할

문장에서 주격보어나 목적격 보어로 쓰인다.
능동이면 현재분사, 수동의 뜻이면 과거분사를 사용한다.

1) 주격보어

The baby kept crying all night. (능동)
아기는 밤새 울었다.

She seemed ~~overwhelming~~ (overwhelmed) by the Niagara Falls.
(수동)
그녀는 나이아가라 폭포에 압도당한 것처럼 보였다.

➡ 그녀가 압도하는 것(overwhelming)이 아니라 압도당하는 것이므로 수동으로
표현한다.

2) 목적격 보어

He could not make himself (understood) to the audience.
그는 청중들에게 자신을 이해시킬 수 없었다.

➡ 이해하는 사람은 그가 아니라 청중들이다. 청중들이 그를 이해하므로 그가
이해의 대상이므로 수동의 뜻인 p.p.로 써야 한다.

* make oneself understood to ~에게 ~의 말을 이해시키다.

④ 분사 구문

📝 분사 구문 만드는 방법

1. 주절의 주어와 부사절의 주어가 같으면 부사절의 주어를 생략한다.
2. 주절의 주어와 부사절의 주어가 같으면 부사절의 접속사를 생략한다.
3. 주절의 주어와 부사절의 주어가 같으면 부사절의 조동사를 생략한다.
4. 부사절의 주어를 생략하고 be동사가 남으면 그 be동사도 생략한다.
5. be동사를 생략하면 -ing나 p.p.나 형용사가 남게 된다.
6. 주절의 시제와 부사절의 시제가 같으면 <u>단순 분사 구문(동사원형 +ing)</u> 형태로 쓴다.
7. 주절의 시제와 부사절의 시제가 다르면 <u>완료 분사 구문(having + p.p.)</u>형태로 쓴다.
8. 주절의 주어와 부사절의 주어가 다르면 부사절의 주어를 그대로 두고 분사 구문으로 고치는데, 이를 독립분사구문이라고 한다.

1) 단순 분사 구문

동사원형 + -ing의 형태
주절의 시제와 부사절의 시제가 같을 때 사용한다.

As he lives in the country, he is very healthy.
➡ Living in the country, he is very healthy.
시골에 살고 있어서, 그는 매우 건강하다.

Although she understood your situation, she couldn't forgive you.

비록 그녀가 너의 상황을 이해했지만 그래도 그녀는 너를 용서할 수가 없었다.

➡ Understanding your situation, she couldn't forgive you.

2) 완료 분사 구문

Having + p.p.

주절의 시제와 부사절의 시제가 다를 때 사용한다.

After I had prepared tomorrow's lessons, I went to bed late.

➡ Having prepared tomorrow's lessons, I went to bed late.

내일 수업을 준비한 후에, 나는 늦게 잠들었다.

Since there was no one to help me, I had to do it all alone.

➡ There being no one to help me, I had to do it all alone.

나를 도와줄 사람이 없었기 때문에 나는 그것을 나 혼자 해야 했다.

* 주절의 시제와 부사절의 시제가 다를 경우에는 부사절의 주어를 생략하지 못한다.

5 감정 동사의 분사

사람 주어 + 과거분사

사물 주어 + 현재분사

현재분사		과거분사	
amazing	놀라게 하는	amazed	놀란
amusing	즐겁게 하는	amused	즐거운
alarming	놀라게 하는	alarmed	놀란
annoying	화나게 하는	annoyed	화난
boring	지루하게 하는	bored	지루한
confusing	혼란스럽게 하는	confused	혼란스러운
depressing	우울하게 하는	depressed	의기소침한
disappointing	실망시키는	disappointed	실망한
dismaying	허둥대게 하는	dismayed	낙담한
embarrassing	당황스럽게 하는	embarrassed	당황한
encouraging	격려 하는	encouraged	격려된
exciting	흥분 시키는	excited	흥분된
exhausting	쇠진하게 하는	exhausted	쇠진한
fascinating	매혹적인	fascinated	매혹에 빠진
frightening	놀라게 하는	frightened	놀란
frustrating	좌절하게 하는	frustrated	좌절한
interesting	흥미로운	interested	흥미있는
relaxing	편안하게 하는	relaxed	편안한
satisfying	만족시키는	satisfied	만족한
shocking	충격적인	shocked	충격받은
surprising	놀라게 하는	surprised	놀란
tiring	피곤하게 하는	tired	피곤한

When we are ~~tiring~~ (tired), a cup of tea is very ~~refreshed~~ (refreshing).

우리가 피곤할 때에는 차 한 잔이 매우 기운을 돋게 한다.

➡ 주어가 사람일 경우에는 과거분사, 사물일 때는 현재분사를 쓴다.

Mini Test

1. Generally (   ), we had a heavy rain this summer.

   (a) speaking   (b) telling

   (c) talking   (d) saying

2. All the people agreed that the performance was really (   ).

   (a) shocked   (b) shock

   (c) to shock   (d) shocking

3. The girls (   ) in the classroom are my former students.

   (a) read   (b) to read

   (c) reading   (c) have read

4. She (   ) the room by anyone.

   (a) wasn't noticed to entering

   (b) wasn't noticed to enter

   (c) didn't notice enter

   (d) didn't notice to enter

5. Most people can't walk in a straight line with their eyes (   ).

   (a) to close   (b) closing

   (c) close   (d) closed

Unit **5** 분사 정답 및 해설

 정 답

| 1 | (a) | 2 | (d) | 3 | (c) | 4 | (b) | 5 | (d) |

해 설

1.

비인칭 독립분사구문에 관한 문제이다.

비인칭 독립분사구문은 주절의 주어와 부사절의 주어가 다르지만
부사절의 주어가 일반적인 사람일 경우에 생략한다.

generally speaking	일반적으로 말해서
strictly speaking	엄밀히 말해서
frankly speaking	솔직히 말해서
judging from	~으로 판단하건대
considering	~을 고려할 때

taking all things into consideration   만사를 고려해 보면

Strictly speaking he is an amateur, not a professional.

= If we speak strictly, he is an amateur, not a professional.

엄밀히 말해서 그는 프로가 아니라 아마추어다.

번역: 엄밀히 말해서 이번 여름은 비가 많이 왔다.

2.

감정을 나타내는 분사에 관한 문제이다.

사람 주어일 때와 수식받는 명사가 사람일 때는 과거분사(p.p.)

사물주어이거나 수식받는 명사가 사물이면 현재분사(~ing)

the performance라는 사물이 주어이므로 shocking 을 쓴다.

번역: 모든 사람들은 그 공연이 정말로 충격적이었다고 의견의 일치를 보았다.

3.

분사가 뒤에서 앞에 나오는 명사를 수식하는 경우이다.

사람주어 the girls 가 능동적으로 행하므로 reading 을 쓴다.

이 때 주어와 현재분사 사이에는 관계대명사 주격과 be동사를 생략할 수 있다.

그래서 The girls <u>who are</u> reading in the classroom ~ 과 마찬가지이다.

번역: 강의실에서 책을 읽고 있는 여학생들은 내가 전에 가르치던 학생들이다.

4.

지각동사의 수동태 형태를 아는지 묻는 문제이다.

지각동사의 수동태형은 **be동사 + 과거분사 + to + 동사 원형** 이다.

다음은 지각동사의 활용에 대해서 알아두자.

지각동사 + 사람목적 + 동사원형   ～가 …하는 것을 …하다

지각동사 + 사람목적 + ~ing   ～가 …하는 것을 …하다 (~ing 강조)

지각동사 + 사물목적 + 과거분사   사물이 수동의 뜻으로 당하는 의미

지각동사에는 notice, see, hear, watch, feel 등이 있다.

그러므로 문제에서는 wasn't noticed to enter 가 된다.

4번을 능동태로 고쳐보자.

Anyone didn't notice <u>her</u> enter the room.

= No one noticed <u>her</u> enter the room.

번역: 아무도 그녀가 방에 들어가는 것을 알아채지 못했다.

5.

'~을 … 한 채로'라는 뜻으로 'with + 명사 + 분사' 의 구문형태로 쓴다.

이 때 명사와 분사의 관계가 능동이면 현재분사,

수동이면 과거분사를 쓴다.

5의 문제에서 '그들의 눈을 감은 채로'라는 표현을 하려면

눈이 감기는 것이므로 과거분사 형태로 'with their eyes closed 써야 한다.

번역: 대부분의 사람들은 눈을 감은 채로는 똑바로 걸을 수 없다.

수동태

1 능동태와 수동태

주어가 동사의 행위를 하는 주체일 경우에 능동태 문장을 쓴다.

주어가 동사의 행위의 대상이 되는 경우에 수동태를 사용한다.

수동태의 형태는 be동사 + p.p.이다.

📝 능동태 문장을 수동태로 바꾸는 방법

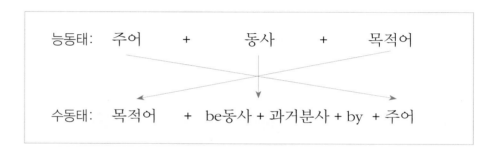

I called my manager who was on holiday. (능동태)

나는 휴가 중인 매니저에게 전화를 걸었다.

➡ My manager who was on holiday was called by me. (수동태)

* 수동태로 문장을 전환할 때 수동태에 쓰이는 be 동사의 시제는 능동태의 시제에 맞춘다.

능동태의 시제가 called로 과거이므로 수동태에서 be동사가 was이다.

by 다음에 오는 주어의 자리에는 능동태의 주어가 I 이므로 목적격으로 바뀐다.

A bike hit a little boy. (능동태)

자전거가 작은 아이를 쳤다.

➡ A little boy was hit by a bike. (수동태)

작은 아이가 자전거에 치였다.

★ 수동태로 문장을 바꿀 때에 by + 주어로 쓴다.

수동태 문장에서 주어가 인칭대명사가 아니라 사람의 이름이거나 사물일 경우에는 예문처럼 by a bike로 쓴다.

The secretary made a reservation the rooms for the CEOs. (능동태)

비서가 사장들의 방을 예약해 두었다.

➡ The rooms for the CEOs were made a reservation by the secretary. (수동태)

사장들의 방이 비서에 의해서 예약되었다.

② 수동태의 시제

		능동태	수동태
기본시제	현재	He hits me.	I am hit by him.
	과거	He hit me.	I was hit by him.
	미래	He will hit me.	I will be hit by him.
완료시제	현재	He has hit me.	I have been hit by him.
	과거	He had hit me.	I had been hit by him.
	미래	He will have hit me.	I will have been hit by him.
진행형	현재	He is hitting me.	I am being hit by him.
	과거	He was hitting me.	I was being hit by him.
	미래	He will be hitting me.	I will be being hit by him.

3 능동태와 수동태 문장

능동태 문장은 타동사 다음에 목적어가 오는 경우에 쓴다.

수동태 문장은 목적어가 없는 경우에 쓴다.

She spends <u>much money</u> on buying clothes. (능동태)

그녀는 많은 돈을 옷 사는데 쓴다.

* 타동사 spends 다음에 목적어 much money 가 나오므로 능동태로 표현한다.

The manager has been selected by the president. (수동태)

매니저는 사장에 의해 발탁되었다.

* 타동사 selected 다음에 목적어가 없으므로 수동태로 나타낸다.

4 주의해야 할 수동태

1) 수동태로 쓸 수 없는 자동사

자동사는 수동태로 사용할 수 없다.

자동사는 목적어를 취하지 않으므로 수동태는 불가능하다.

📒 수동태로 쓸 수 없는 자동사

appear	~ 처럼 보이다, 나타나다	arrive	도착하다
become	~ 되다	come	오다
disappear	사라지다	exist	존재하다
remain	~인 채로 있다	seem	~처럼 보이다
stay	머무르다	occur	생기다
cost	비용이 들다	happen	발생하다
take place	발생하다		

The staff ~~were remained~~ (remained) in the auditorium.
모든 직원들이 강당에 남았다.

The items he ordered ~~were arrived~~ (arrived) three days earlier.
그가 주문한 물품들이 3일 일찍 도착했다.

2) 수동태로 쓸 수 없는 타동사

가지다, 소유하다, 존재하다, ~한 상태가 되다 등의 뜻을 나타내는 동사는 수동태로 쓸 수 없다.

become	~이 되다	lack	부족하다
meet	만나다	resemble	닮다
possess	소유하다	own	소유하다
have	가지다	belong to	~에 속하다

Her mother was resembled by her daughter. (X)

➡ Her daughter resembles her mother. (O)

그녀의 딸은 엄마를 닮았다.

* 동사 resemble 은 '~를 닮다'라는 뜻으로 수동태는 불가능하다.

The vice president ~~was become~~ (became) the president when I came back from holidays.

부사장은 내가 휴가에서 돌아왔을 때 사장이 되어 있었다.

* ~한 상태로 되다라는 의미의 become동사는 수동태로 쓸 수 없다.

3) 수동의 뜻을 나타내는 자동사

아래의 자동사들은 능동 형식이지만 수동의 의미를 지니므로 주의하자.

be	~되다	**cut**	잘리다, 베이다
peel	벗겨지다	**read**	읽히다
sell	팔리다	**wash**	세탁되다

The ship is building.

= The ship is being built.

배가 건조 되고 있다.

The knife cuts well.

그 칼은 잘 든다.

The novel reads easily.

그 소설은 쉽게 읽힌다.

4) 동명사와 함께 쓰여 수동의 뜻을 나타내는 동사

deserve   ~하는 게 당연하다

require   요청하다

want   원하다   **+ 동명사**

need   필요로 하다

★ 이 동사들 다음에 동명사 대신 to부정사를 써서 to be + p.p. 형태
  로 표현해도 의미는 같다.

My brother deserves promoting.

= My brother deserves to be promoted.

우리 형이 승진되는 것은 당연하다.

The flowers need watering.

= The flowers need to be watered.

꽃에 물을 주어야 한다.

5) 4형식과 5형식 동사의 수동태

- 4형식 문장에서는 목적어가 둘이므로 수동태로 전환할 때 주어가 두 개가 될 수 있다.
- 5형식 문장을 수동태로 바꿀 때에는 목적격보어를 수동태 동사 뒤에 그대로 사용한다.

He gave me a book yesterday. (4형식)
그는 어제 나에게 책 한권을 주었다.

➡ I was given a book by him yesterday. (간접목적어가 주어)
나는 어제 그에 의해서 책 한권을 받았다.

➡ A book was given to me by him yesterday. (직접목적어가 주어)

* 간접목적어를 주어로 수동태 문장으로 나타내고, 직접목적어를 주어로 수동태로 바꿀 수 있다.

They elected me the Best Employee of the month.
그들은 나를 이 달의 우수 사원으로 뽑았다.

➡ I was elected the Best Employee of the month by them.
나는 그들에 의해서 이 달의 우수 사원으로 뽑혔다.

⑤ 사역동사와 지각동사의 수동태

사역동사와 지각동사를 사용한 문장을 수동태로 바꿀 때의 형태는 be동사 + p.p.+ to + 동사원형이다.

The director made her complete the order sheet. (능동태)

부장은 그녀에게 주문서를 완성하라고 시켰다.

➡ She ~~was made complete~~ (was made to complete) the order sheet by the director. (수동태)

＊능동태 문장에서는 사역동사 + 사람목적어 + 동사원형으로 쓰지만, 수동태에서는 be동사 다음에 과거분사를 쓰고 그리고 동사원형을 써서는 안된다.

He **let me go**.

그는 나를 가게 했다.

➡ I was allowed to go by him.

나는 그에 의해 가도록 허락 받았다.

They **saw him go** down the stairs.

그들은 그가 아래층으로 내려가는 것을 보았다.

➡ He was seen to go down the stairs.

그가 아래층으로 내려가는 게 보였다.

전치사를 쓰는 수동태 관용어구

1) 전치사 at이 쓰이는 표현

be surprised at	~에 놀라다
be astonished at	~에 놀라다
be astounded at	~에 깜짝 놀라다
be amazed at	~에 놀라다
be shocked at	~에 충격을 받다
be alarmed at	~에 놀라다
be disappointed at	~에 실망하다
be frightened at	~에 놀라다
be dismayed at	~에 놀라다
be startled at	~에 놀라다
be grieved at	~에 슬퍼하다

2) 전치사 with가 쓰이는 표현

be bored with	~에 싫증나다
be pleased with	~으로 기분이 좋다
be crowded with	~으로 붐비다
be delighted with	~으로 기뻐하다
be contented with	~에 만족하다
be concerned with	~과 관련 있다
be associated with	~과 제휴하다
be satisfied with	~에 만족하다
be filled with	~로 가득차다
be acquainted with	~을 알고 있다
be afflicted with	~로 시달리다
be occupied with	~에 전념하다
be seized with	~에 사로잡히다
be covered with	~ 로 덮여있다

3) 전치사 about과 쓰이는 표현

be concerned about	~에 대해 염려하다
be worried about	~에 대해 걱정하다

4) 전치사 in과 쓰이는 표현

be interested in	~에 관심이 있다
be indulged in	~에 몰두하다
be engaged in	~에 종사하다
be involved in	~에 연관되다
be absorbed in	~에 몰입하다
be concerned in	~에 관심이 있다
be caught in	~ (소나기 따위를)만나다
be dressed in	~을 입고 있다

5) 전치사 of가 쓰이는 표현

be made of	~로 만들어지다
be tired of	~에 싫증나다
be composed of	~로 구성되다
be ashamed of	~을 부끄러워하다

6) 전치사 to가 쓰이는 표현

be dedicated to	~에 헌신하다
be known to	~에게 알려지다
be married to	~와 결혼하다
be accustomed to	~에 익숙해지다

7) 기타

be known as	～로서 알려지다 (자격, 신분)
be known by	～에 의해 알려지다 (판단)
be known for	～로 유명하다 (이유, 원인)
be based on	～에 근거를 두다

* Mr. Kim **is known as** a respectable professor.

  Mr. Kim은 훌륭한 교수로서 알려져 있다.

* A man **is known by** the company he keeps.

  사람은 그가 사귀는 친구를 보면 그 사람을 알 수 있다.

* Yoon Dong zoo **is known for** his poem, 'Prelude.'

  윤동주는 그의 시 '서시'로 유명하다.

Mini Test

1. No one (   ) because of the dark.

    (a) was to be seen   (b) was been

    (c) was to see   (d) was seen

2. I am (   ) the TOEIC lectures.

    (a) interested to attend

    (b) interesting to attend

    (c) interested to attend on

    (d) interested in attending

3. The merger will not be (   ) until the two CEOs have signed the necessary paperwork.

    (a) completes   (b) completion

    (c) completed   (d) complete

4. A: What do they sell in the shop?

    B: Many kinds of shirts (   ) well.

    (a) sold   (b) to sell

    (c) selling   (d) sell

5. Proverbs are generally (   ) stylized saying that represents the commonsense in everyday life.

    (a) regarded of   (b) regarded as

    (c) regarded to   (d) regarded with

Unit 6 수동태 정답 및 해설

 정 답

1	(a)	2	(d)	3	(c)	4	(d)	5	(b)

 해 설

1.

to 부정사의 수동태는 'to + be + **과거분사**'의 형태이다.

문제 1은 to부정사의 형용사적 용법 중에서 'be동사 + to부정사'이다.

'be동사 + to부정사'의 용법에서 아래 c의 "가능"에 해당된다.

'be동사 + to부정사' 용법은 다음과 같다.

a. 예정 (~할 예정이다)

　We are to meet this Friday night.

　우리는 이번 주 금요일 밤에 만날 예정이다.

b. 의무 (~해야 한다)

　You are to finish your work by three o'clock.

　너는 일을 3시까지 마쳐야 한다.

c. 가능 (~할 수 있다 / 없다)

　Nothing was to be seen at that time.

　그 당시에는 아무것도 볼 수 없었다.

d. 운명 (~할 운명이었다)

　The poet was to die young.

　그 시인은 요절 할 운명이었다.

e. 의도 (~하려고 한다면)

　If you are to succeed, you must study hard.

　네가 성공하려고 한다면 열심히 공부해야 한다.

그러므로 was to be seen으로 써야 한다.

dark   어두운   the dark   암흑

번역: 암흑 때문에 아무도 안 보였다.

2.
'~에 관심이 있다'라는 표현은 'be interested in + ~ing/명사형' 이다.
attend the TOEIC lectures   토익 수업을 듣다

번역: 나는 토익 강의 듣는데 흥미가 있다.

3.
조동사구의 수동태 표현은 '**조동사 + be + 과거분사**'이다.
3번은 부정형의 문장이므로 will not be completed 로 써야 한다.

merger   합병   paperwork   문서

번역: 합병은 두 사장이 필요한 서류에 서명할 때까지 완료되지 않는다.

4.
문장 형식은 능동태이지만 의미는 수동이다.
sell 동사는 '…을 팔다' 라는 뜻도 있지만,
'팔리다' 라는 수동의 뜻으로 쓰이기도 한다.

번역:
  A: 그들이 가게에서 무엇을 팝니까?
  B: 많은 종류의 셔츠가 잘 팔려요.

5.
be regarded as   …로 간주되다
proverb   속담   stylize   양식화하다
commonsense   상식   generally   일반적으로
represent   나타내다

번역: 속담은 일반적으로 일상생활에서의 상식을 대변해 주는 양식화된 말로 여겨진다.

Memo

가정법

1 법의 종류

1) **직설법** – 어떤 일을 사실대로 말하는 화법

2) **명령법** – 명령, 요구, 금지 등을 말할 때 나타내는 화법

3) **가정법** – 가정, 상상, 소망을 표현 할 때 쓰는 화법

2 조건문과 가정법

1) 단순 조건문 = 가정법 현재 - 실현 가능성이 어느 정도 있을 때의 가정

If I become President, I will clean up the air.

내가 대통령이 된다면 대기를 정화할 것이다. (당선 가능성이 어느 정도 있음)

2) 가정법 - 실현 가능성이 희박할 때의 가정

If I became President, I would clean up the air.

내가 대통령이 된다면 대기를 정화할 텐데. (당선 가능성이 거의 없을 경우)

③ 가정법의 형태

		조건절	주절
가정법 현재	현재나 미래의 불확실한 상상, 가정	If + S + 동사원형/ 동사의 현재형	S + 조동사현재형(will/can/may/ should) + 동사원형
가정법 과거	현재사실 반대, 가정	If + S + were/ 동사과거형	S + 조동사과거형(would/could/ might) + 동사원형
가정법 과거완료	과거사실 반대, 가정	If + S + had + p.p.	S + 조동사과거형(would/could/ might) + have + p.p.
가정법 미래	실현가능성 희박	If + S + should(would) + 동사원형	S + 조동사현재형[과거형] + 동사원형
	실현 불가능	If + S + were to + 동사원형	S + 조동사과거형 + 동사원형
혼합 가정법	과거일이 현재까지 영향줄때	If + S + had + p.p.	S + 조동사과거형(would/could/ might) + 동사원형 ~ now

1) 가정법 현재

현재나 미래에 대한 불확실한 상상, 가정, 의심을 나타낸다.

번역은 '만약 ~한다면 ~할 것이다'로 한다.

If + S + 동사원형 / 동사의 현재형	S+will/can/may//shall(should) + 동사원형
	please +동사원형 (명령문)
	S + 동사의 현재형

If she speaks English fluently, I will hire her.

그녀가 영어를 유창하게 구사한다면 나는 그녀를 채용할 것이다.

If it is fine tomorrow, we will go hiking.

내일 날씨가 좋으면, 우리는 하이킹 갈 것이다.

If you should have any problems with the new computer,

please let me know immediately.

새로운 컴퓨터에 문제가 생기면, 바로 저에게 알려 주시기 바랍니다.

* 가정법 현재에서 조건절 동사 앞에 should를 쓰면 명령이 아니라 좀 더 공손한
  표현이다.

2) 가정법 과거

현재 사실에 반대되는 일을 가정하거나,

현재 일어날 가능성이 없는 경우에 쓴다.

번역은 '만약 ~한다면 …할 텐데' 라고 현재로 한다.

> If + S +동사의 과거형/were, S +would(should/could/might) + 동사원형

If he didn't like football very much, his dream wouldn't(couldn't)

be a professional football player. (가정법 과거)

그가 축구를 엄청 좋아하지 않는다면 그의 꿈은 프로 축구선수가 아닐 텐데.

➡ As he likes football very much, his dream is to be a

   professional football player. (직설법)

그가 축구를 매우 좋아하기 때문에 그의 꿈은 프로축구 선수가 되는 것이다.

What would you do if you ~~are~~ (were) in my shoes?

내 입장이라면 당신은 어떡하겠습니까?

3) 가정법 과거완료

과거 사실에 반대되는 상황을 가정하거나 상상할 때 쓴다.

우리말 번역은 '만약 ~했다면 …했을 텐데' 라고 과거로 한다.

> If + S + had + p.p. , S + 조동사과거형(would/ could/ might/ should) + have + p.p.

If I had studied harder, I would have passed the exam.

만약 내가 더 열심히 공부 했다면 시험에 합격했을 텐데.

If he had made a different choice, he would have regretted it.

만약 그가 다른 선택을 했다면 그는 그것을 후회했을 텐데.

➡ As he didn't make a different choice, he didn't regret it.

그가 다른 선택을 하지 않았기 때문에 그는 그것을 후회하지 않았다.

4) 가정법 미래

(1) 실현 가능성이 적을 때

> If + S + should (would) + 동사원형, S + 조동사현재형(과거형)+동사원형

If it should rain tomorrow, what will(would) you do?

내일 비가 온다면 너는 어떻게 할 거니?

* 조건절에 should를 쓰면 주절에는 조동사의 현재형과 과거형 둘 다 쓸 수 있다.

If you would succeed, you would have to study harder.

= If you wish to succeed, you would have to study harder.

 네가 성공하려면 너는 더 열심히 공부해야 한다.

* 조건절에 would 를 사용하면 주어의 의지를 뜻한다.

(2) 실현 불가능할 때

If + S + were to + 동사원형, S + 조동사과거형 + 동사원형

Even if the sun were to rise in the west, he would never change his mind.

해가 서쪽에서 뜬다 하더라도 그는 결코 마음을 바꾸지 않을 것이다.

* 조건절에 were to를 쓰는 경우에 주절의 조동사는 과거형만 쓴다.

5) 혼합 가정법

조건절에는 가정법 과거완료 (If+S+had+p.p.)가 나온다.

주절에는 가정법 과거(S+조동사과거형+동사원형)가 쓰인다.

우리말 번역은 '만약 ~했다면 지금 ... 할 텐데' 라고 한다.

If + S + had + p.p. ~ , S + 조동사과거형 + 동사원형~ now

If he had not helped me, I should not live in this house now.

만약 그가 나를 돕지 않았다면 나는 지금 이 집에서 살 수 없을 텐데.

= As he helped me, I live in this house now.

그가 나를 도와주었기 때문에 나는 지금 이 집에서 산다.

If I had taken his advice then, I would be a doctor now.

그때 그의 충고를 받아들였다면 나는 지금 의사가 되었을 텐데.

= As I didn't take his advice then, I am not a doctor.

그때 그의 충고를 듣지 않았기 때문에 나는 지금 의사가 아니다.

4 I wish ~ 가정법

1) I wish + 가정법 과거

현재 사실에 반대되는 소망을 나타낸다.

번역은 '~라면 좋을 텐데' 로 한다.

> I wish + 주어 + were(was) /동사의 과거형 ~

I wish I were taller than him.

나는 그보다 키가 더 컸으면 좋을 텐데.

= I am sorry that I am not taller than him.

나는 그보다 키가 안 커서 유감이다.

I wish I knew how to swim.

수영하는 법을 안다면 좋을 텐데.

= I am sorry (that) I don't know how to swim.

수영하는 법을 몰라서 유감이다.

I wish it were raining now.

지금 비가 내리면 좋을 텐데.

* 구어체에서는 were 대신 was를 사용한다.

I wish the weather would be rainy tomorrow.

내일 비가 내리면 좋을 텐데.

* 미래에 대한 소망을 표현할 때는 조동사 will 대신 would를 쓴다.

2) I wish + 가정법 과거완료

과거에 실현하지 못한 소망을 나타낼 때 쓴다.

우리말 번역은 '~ 했더라면 좋았을 텐데' 라고 한다.

직설법의 ~하지 않은 것을 후회한다/ ~하지 않아 유감이다 라는 의미와 같다.

I wish + S + had + 과거분사

I wish she had not made some mistakes.

그녀가 몇 가지 실수를 하지 않았더라면 좋았을 텐데.

= I am sorry that she made some mistakes.

그녀가 몇 가지 실수를 한 게 유감이다.

I wish I had read many good books in my school days.

학창 시절에 많은 책을 읽었으면 좋았을 텐데.

= I regret that I didn't read many good books in my school days.

나는 학창 시절에 많은 책을 읽지 않은 것을 후회한다.

5 as if(though) + 가정법

1) as if + 가정법 과거

현재 사실에 반대되거나 의심을 나타낸다.

우리말 번역은 '마치 ~인 것처럼'으로 한다.

주절의 동사시제가 현재면 현재 사실과 반대의 뜻을,

과거형이면 과거 사실과 반대의 의미를 나타낸다.

> 동사의 현재형/과거형 + as if(though) + S + 동사의 과거형 ~

They look as if(though) they knew each other.

그들은 마치 서로 알고 있는 것처럼 보인다.

= In fact they don't know each other.

사실 그들은 서로 알지 못한다.

They looked as if(though) they knew each other.

그들은 마치 서로 알고 있는 것처럼 보였다.

= In fact they didn't know each other.

사실 그들은 서로 알지 못했다.

2) as if(though) + 가정법 과거완료

주절의 동사시제가 현재형이면 과거 사실과 반대의 뜻을,
과거형이면 주절의 시제인 과거보다 한 시제 더 앞선
시제의 반대되는 일을 의미한다.
우리말 번역은 '마치 ~ 이었던 것처럼' 으로 한다.

> 동사의 현재형/과거형 + as if(though) + S + had+ p.p. ~

He talks as if(though) he had never met me before.
그는 마치 전에 나를 만난 적이 없는 것처럼 말한다.

= In fact he met me before.
사실은 그는 전에 나를 만났다.

He talked as if (though) he had never met me before.
그는 마치 전에 나를 만난 적이 없었던 것처럼 말했다.

= In fact he met me before.
사실은 그는 전에 나를 만났었다.

She looks as if she had seen a ghost.
그녀는 마치 전에 귀신을 본 것처럼 보인다.

= In fact she didn't see a ghost.

사실은 그녀는 귀신을 보지 못했다.

She looked as if she had seen a ghost.

그녀는 마치 전에 귀신을 보았던 것처럼 보였다.

= In fact she hadn't seen a ghost.

사실은 그녀는 귀신을 보지 못했었다.

📝 가정법 정리

if	현재	If it rains tomorrow, I will stay at home. 내일 비가 내리면, 나는 집에 있을 것이다.
	과거	If it rained now, I would stay at home. 지금 비가 오면, 나는 집에 머무를 텐데.
	p.p.	If it had rained yesterday, I would have stayed at home. 어제 비가 내렸다면, 나는 집에 있었을 텐데.
I wish	과거	I wish it rained now. 지금 비가 내리면 좋을 텐데.
	p.p.	I wish it had rained yesterday. 어제 비가 내렸으면 좋았을 텐데.
as if	과거	She talked as if it rained everyday. 그녀는 마치 매일 비가 내리는 것처럼 말했다.
	p.p.	She talked as if it had rained everyday. 그녀는 마치 매일 비가 내렸던 것처럼 말했다.

Mini Test

1. If Japan (   ) the war in early 1945, the United States might not have used atomic bombs.

   (a) would give up   (b) had given up

   (c) gave up   (d) gives up

2. I wish he (   ) to my e-mail.

   (a) has replied   (b) replies

   (c) would have replied   (d) had replied

3. If you (   ) me then, I should no longer be alive now.

   (a) had not helped   (b) were not with

   (c) did not helped   (d) do not help

4. If she didn't have her key, she (   ) able to lock the door.

   (a) would have been

   (b) was

   (c) wouldn't be

   (d) wouldn't have been

5. If I (   ) in your situation, I would tell the truth.

   (a) was   (b) were

   (c) am   (d) will be

Unit **7** 가정법 정답 및 해설

 정 답

| 1 | (b) | 2 | (d) | 3 | (a) | 4 | (c) | 5 | (b) |

해 설

1.

문제 1과 같이 If 절에서 답을 찾아야 하는 경우는 가정법 문제라고 보면 된다.
가정법 문제는 조건절이나 주절 둘 중 한 군데의 문법상 올바른 것을 묻는
문제이므로 잘 살펴보면 답이 보인다.

1에서는 조건절의 답을 찾는 문제이다.
먼저 주절을 살펴보면 **주어 + 조동사의 과거형 + have + p.p.** 로 되어있다.
이것은 가정법 과거완료를 묻는 문제라는 것을 알 수 있다.
가정법 과거완료의 조건절은 **If + 주어 + had + p.p.** 이다.
가정법 과거완료는 과거사실에 반대되는 가정을 하는 것이므로
우리말 번역은 과거로 하면 된다.
그러므로 문제 1에서는 had given up으로 하면 된다.

atomic bomb   원자 폭탄   give up   포기하다

번역: 만약 일본이 1945년 초에 전쟁을 포기했더라면 미국은 원자폭탄을 사용하지 않
    았을 텐데.

2.

I wish +가정법을 묻는 문제이다.
첫째
현재 사실에 반대되는 소망을 나타내는 I wish + 가정법 과거
(~한다면 좋을 텐데)

두 번째

과거사실에 반대되는 소망을 나타내는 I wish + 가정법 과거완료

(~했다면 좋았을 텐데)

문제 2에서는 (d) had replied 라는 가정법 과거완료밖에 없다.

번역: 그가 나의 이메일에 답장을 했더라면 좋았을 텐데.

3.

혼합가정법을 묻는 문제이다.

혼합가정법은 If + S + had + p.p. ~, S + 조동사과거형 + 동사원형··· + now

우리말 번역은 "~했더라면 지금 ~할 텐데"라고 한다.

문제 3에서 주절에 **조동사과거형 + 동사원형··· + now**가 있으므로

조건절에는 If you had not helped me ~로 한다.

no longer   더 이상 ···않다

번역: 만약 당신이 그때 돕지 않았다면 지금 나는 더 이상 살아있지 않을 텐데.

4.

조건절이 **주어 + 동사과거형 ~**,

주절이 **주어 + 조동사과거형 + 동사원형** 이므로 가정법 과거이다.

가정법 과거는 현재사실에 반대되는 가정이므로 현재로 번역한다.

번역: 그녀가 열쇠가 없다면 그녀는 문을 잠글 수가 없을 텐데.

5.

주절이 **주어 + 조동사과거형 + 동사원형**이므로

조건절은 **주어 + were or 동사과거형~**이 나와야 한다.

즉, 가정법 과거이다.

그러므로 If I **were** in   ~이어야 한다.

주어가 무엇이든지 be동사는 항상 **were** 라는 사실을 명심해야 한다.

번역: 만약 내가 너의 상황이라면 나는 진실을 말할 텐데.

명사와 관사

1 가산 명사와 불가산 명사

1) 가산명사

- 셀 수 있는 명사를 말한다.
- 보통명사와 집합명사가 있다.
- 단수로 쓸 때에는 명사 앞에 부정관사a/an을 쓴다.
- 복수형이 있다.

보통명사

> a dream , dreams
>
> I have a dream.
>
> 나는 꿈이 있다.

집합명사

> A dog is a faithful animal. (대표 단수)
>
> 개는 충직한 동물이다.
>
> * A dog 은 한 마리의 개라는 의미가 아니라 개라는 종족을 대표하는 단수이다.

> The dog is a faithful animal. (대표 단수)
>
> * The dog은 그 개의 뜻이 아니라 종족을 대표하는 단수이다.

> Dogs are faithful animals. (대표 복수)
>
> * Dogs는 개들이 아니라 개라는 종족을 대표하는 복수이다.

🗒 자주 출제되는 가산 명사를 알아두자

a dream	꿈	a mistake	실수
an agreement	동의	a way	방법
an account	계좌	an alternative	대안
a procedure	절차	a problem	문제
an effort	노력	a factor	요인
an attempt	시도	a reason	원인
a method	방법	a statement	보고서/ 명세서
a result	결과	a sales report	영업보고서

I have a financial statement.

나는 재정 보고서를 가지고 있다.

There is a sales report.

판매 보고서가 있다.

2) 불가산 명사 (= 셀 수 없는 명사)

셀 수 없는 명사를 말한다.

부정 관사를 붙일 수 없다.

복수형이 없다.

고유명사, 추상명사, 물질명사가 불가산 명사다.

고유명사 a Seoul (X), Seoul (0)

추상명사 an information (X), informations (X), information (0)

물질명사 a water (X), waters (X), water (0)

* 불가산 명사는 '수사+단위명사+of+명사'의 형태로 나타낸다.

two milk (X) ➡ two glasses of milk (O) 우유 두 잔

➡ little milk (O) 우유가 거의 없는

➡ much milk (O) 많은 우유

📓 자주 출제되는 불가산 명사를 알아 두자

baggage	짐	luggage	수하물
equipment	장비	knowledge	지식
advice	충고	machinery	기계류
merchandise	기계	information	정보
advertising	광고	news	뉴스
experience	경험	furniture	가구
clothing	의류	attendance	출석
produce	농산물	ticketing	발권

Please give me ~~an information~~ (a piece of information) about the company.

 제게 그 회사에 대해 정보 하나만 알려주세요.

* information 은 셀 수 없는 명사이므로 관사를 붙일 수 없다.

 정보 한 통의 뜻으로는 a piece of information으로 나타낸다.

2 수량 표현 + 명사

1) 한정사 + 명사

– 한정사 a, an, each, every, another + 단수 명사로 나타낸다.

Every ~~dogs~~ (dog) has his day.

쥐구멍에도 볕들 날이 있다.

* Every는 단수취급 하므로 복수형이 나올 수 없다.

– 한정사 both, (a) few, many, various, several + 복수명사로 쓴다.

Few ~~student~~ (students) ~~was~~ (were) present at the seminar.

세미나에 참석한 학생은 거의 없었다.

* few는 복수명사를 써야 하므로 students로 고치고, 동사도 주어에 맞게 were
  로 써야 한다.

– 한정사 (a) little, much, a great deal of + 단수명사로 표현한다.

A great deal of ~~efforts were~~ (effort was) spent to merge the
two companies.

두 회사를 합병하는데 많은 노력이 있었다.

* effort는 셀 수 없는 명사이므로 복수형을 써서는 안 된다.
  A great deal of 는 much로 바꿔 쓸 수 있다.

2) 수량 표현 + of

구체적인 숫자가 아니라 막연한 숫자를 나타낼 때는 다음과 같이 표현한다.

수 십 dozens of
수 백 hundreds of
수 천 thousands of
수백만 millions of

~~Million of~~ (Millions of) people visited France to see the performance.

수백만 명의 사람들이 그 공연을 보러 프랑스로 왔다.

* 구체적인 숫자를 말할 때는 복수가 아닌 단수로 나타낸다.

The concert was a big success with over ~~nine thousands~~ (nine thousand) people in attendance.

그 콘서트는 9천 명이 넘는 사람들이 모여 대성공이었다.

3 명사의 위치

1) 관사 + 명사

The boss offered <u>a reduction</u> for the group 10 or so.
상사는 10명 정도 감축을 제안했다.

2) 전치사 + 명사

The company security policy requires a form <u>of identification</u>
from every visitor entering the building.
그 회사의 보안 방침은 방문객에게 신분증을 보여주도록 요구한다.

3) 소유격 + 명사

The managers are asked to help <u>their teams</u> increase
productivity.
매니저들은 생산성을 높이기 위해서 자기네 팀들을 도와 달라고 요청 받는다.

4) 형용사 + 명사

For <u>proper processing</u>, return the enclosed form.
제대로 된 절차를 위해서 동봉한 양식서를 보내주세요.

5) 명사 + 명사 : 복합 명사라 한다.

– 앞의 명사는 뒤의 명사를 수식해주는 형용사 역할을 한다.

– 앞에 있는 명사는 단수로 쓴다.

He predicts considerable ~~markets growth~~ (market growth) in China.

그는 중국에서 상당한 시장 증가가 있을 것이라고 예측한다.

* 복합명사에서 앞에 나오는 명사는 형용사의 역할이므로 복수를 쓸 수 없다.

📝 시험에 자주 나오는 복합명사를 알아두자

advertising company	광고 회사
assessment polices	평가 정책
exercise facilities	운동 시설
customer satisfaction	고객만족
health benefits	의료 혜택
installment payments	할부 납부
job performance	업무 수행
performance evaluation	근무평가
expiration date	유효기간
marketing strategy	판매 전략
shipping costs	운송비용
safety needs	안전 요구
residency requirements	거주 요건
research committee	연구 위원회
communication skills	의사 소통 능력
application form	신청서

📒 복합명사에서 앞의 명사가 복수형을 취하는 예외들

communications satellite	통신 위성
customs declaration	세관 신고
sales analysis	판매 분석
savings account	예금계좌
benefits package	연금 패키지
sales figures	판매 매출액

Job openings at big companies have increased by 10% compared to last year.

대기업 채용이 작년에 비해 10% 증가했다.

The expiration date of my passport is the end of this month.

내 여권 만료일은 이 달 말이다.

I'd like to open a savings account.

저는 예금계좌를 만들고자 합니다.

4 부정관사와 정관사

1) 부정관사

- a, an을 말한다.
- 정해져 있지 않은 불특정한 단수 가산 명사 앞에 쓴다.

📝 부정관사의 의미

a. '하나'의 뜻

- Rome was not built in a day. (a= one)

  로마는 하루 아침에 이루어지지 않았다.

b. '어떤'의 뜻

- It's true in a sense. (a=certain)

  그것은 어떤 의미에서 사실이다.

c. '어느 정도'의 뜻

- She couldn't say a word for a while. (a=some)

  그녀는 잠시 동안 한마디도 할 수 없었다.

d. '같은'의 뜻

- Birds of a feather flock together. (a=the same)

  깃털이 같은 새는 끼리끼리 모인다. (유유상종)

e. '~마다'의 뜻

- Please give me a call at least once a day. (a=per=each)

  적어도 하루에 한번 정도 나에게 전화를 하세요.

f. 대표 단수의 뜻

- A fox is a cunning animal.

  여우는 교활한 동물이다.

g. 부정관사 관용 표현

as a rule	대체적으로
all of a sudden	갑자기
at a distance	떨어져서
from a distance	멀리서
at a loss	어쩔 줄을 몰라
in a hurry	급히
as a result	결과적으로
in a sense	어떤 의미에서는
take a vacation	휴가를 보내다
make a decision	결정하다
make a mistake	실수하다
have a reservation	예약하다
reach an agreement	합의하다

2) 정관사 the

– 특정한 명사를 나타낼 때 사용한다.

– 가산 명사와 불가산명사에 모두 쓰인다.

📝 정관사의 쓰임새

a. 앞에 한 번 나온 명사를 가리킬 때

– She has a big bag. The bag is black and heavy.

b. 대표 단수 앞

– The dog is a faithful animal.

개는 충실한 동물이다.

c. 말하는 사람과 듣는 사람이 지칭하는 것이 무엇인지 서로 알고 있을 때

– Would you mind opening the window?

창문 좀 열어 주시겠습니까?

d. 수식어구로 한정 할 때

– The principal of our school is Mr. Kim.

우리 학교 교장선생님은 김 선생님이다.

e. 유일한 것을 나타낼 때

– The earth goes around the sun.

지구는 태양 주위를 돈다.

the moon	달	the universe	우주
the world	세상	the east	동
the west	서	the north	북
the south	남	the sky	하늘
the wind	바람	the right	오른 쪽
the left	왼 쪽		

f. 서수 앞

- August is the 8th month of a year.

8월은 일 년의 8번째 오는 달이다.

★ the first/second/third/4th 등

g. 최상급 앞

- Who is the youngest student in our class?

누가 우리 반에서 제일 어리니?

h. only, very, same 앞

- He is the only man for the honor.

그는 그 명예에 딱 어울리는 유일한 사람이다.

- He is the very man that I want.

그가 바로 내가 원하는 사람이다.

- Everybody looked at him at the same time when he shouted.

모든 사람이 그가 소리 쳤을 때 동시에 쳐다보았다.

i. the + 형용사 = 복수 보통명사

the + 과거분사 = 단수 보통 명사

the young = young people	젊은이들
the old = old people	노인들
the poor = poor people	가난한 사람들
the rich = rich people	부자들
the accused	피고인 (단수)
the deceased	고인

- The rich is not (are not) always happy.

    부자라고 항상 행복한 것은 아니다.

    ➡ The rich는 복수 취급해야 하므로 are not으로 쓴다.

j. the + 비교급 + of the two

- She is the taller of the two girls.

    두 여자들 중 그녀가 더 키가 크다.

k. 악기명을 나타낼 때

- I used to play the piano and the guitar in my school days.

    나는 학창시절에 피아노와 기타를 치곤했다.

l. 관용어구

in the morning	오전에	**in the afternoon**	오후에

all the time	항상	exactly the same	완전히 같은
in the light	양지에	in the shade	음지에
in the end	결국	in the right	옳은
in the wrong	틀린	on the contrary	반대로
to the point	적절한	in the past	과거에
in the present	현재	in the future	미래에

- He told me to be brief and to the point.

  그는 나에게 간략하고도 적절하게 말했다.

⑤ 관사의 위치

1) so, as, too, how + 형용사 + 부정관사 + 명사

- I have had so good a time.

  나는 아주 재미있는 시간을 보냈다.

2) quite, such, rather + 부정관사 + 형용사 + 명사

- She is quite a good singer.

  그녀는 매우 훌륭한 가수다.

3) all, both, double + 정관사 + 명사

- Both the women are my students.

  두 여자는 나의 학생들이다.

6 관사의 생략

1) 가족 관계, 관직, 호칭, 신분을 나타내는 명사 앞

- Mother is looking for you, Hwi gyum.
- President Obama

2) 식사, 질병, 운동의 이름 앞

- When he is busy, he often skip lunch.
  그는 바쁠 때, 점심을 자주 거른다.

- She is suffering from flu.
  그녀는 감기로 고생하고 있다.

- My hobby is playing soccer.
  내 취미는 축구하는 것이다.

3) 계절, 교통/통신수단, 학문명 앞

- Winter is my favorite season.
  겨울은 내가 가장 좋아하는 계절이다.

- by bus, by phone, by e-mail

- She majored in ~~the physics~~ (physics).
  그녀는 물리학을 전공했다.

4) 장소를 나타내는 명사가 본래의 목적으로 쓰일 때

in school	재학 중	leave school	퇴학하다, 졸업하다
at church	예배 중	go to school	학교가다(공부하러)
go to church	교회에 가다	at sea	항해 중
	(예배 보러)	go to bed	잠자리에 들다
go to prison	감옥에 가다	at table	식사 중
go to sea	선원이 되다	go to work	직장에 가다
at work	작업 중		

What time do you usually go to bed?

너는 보통 몇 시에 잠드니?

5) 관용 표현

at home	집에	on foot	걸어서
by mistake	실수로	at noon	정오에
in error	틀려서	in time	시간 안에
on time	정각에	in haste	서둘러
take place	일어나다	take part in	~에 참가하다
on duty	근무 중인	on purpose	고의로
in front of	~ 앞에	take hold of	쥐다, 잡다
lose sight of	시야에서놓치다	in order to	~하기 위하여
take advantage of	~을 이용하다	watch T.V	텔레비전을 보다
listen to music	음악을 듣다		

You'd better ~~take an advantage of~~ (take advantage of) every chance you get.

당신이 얻는 모든 기회를 이용하는 게 좋겠다.

Mini Test

1. Mathematics is not (   ).
   (a) such difficult a subject
   (b) so a difficult subject
   (c) a so difficult subject
   (d) so difficult a subject

2. They drove at the rate of 80 miles (   ).
   (a) hours   (b) an hour
   (c) the hour   (d) a hour

3. A computer does not work in (   ) same way the brain does.
   (a) the   (b) a
   (c) that   (d) an

4. She (   ) in her free time.
   (a) is listen to music
   (b) listen to music
   (c) listens to music
   (d) listens to the music

5. The accused (   ) into the court.
   (a) were brought   (b) was bring
   (c) was brought   (d) brought

Unit **8** 명사와 관사 **정답** 및 **해설**

 정 답

1	(d)	2	(b)	3	(a)	4	(c)	5	(c)

해 설

1.

관사의 위치를 묻는 문제이다.

so + 형용사 +부정관사(a, an) +명사

such + 부정관사(a, an) + 형용사 + 명사

그러므로 so difficult a subject 로 쓴다.

mathematics 와 같은 학문명도 단수 취급하므로

be동사를 are로 쓰지 않고 **is**를 쓴다는 점에 유의하자.

번역: 수학은 그렇게 어려운 과목이 아니다.

2.

'시간 당' '매 시' 의 뜻으로는 an hour 라고 표현한다.

부정관사 a/an이 "…당" "매…"의 의미로 쓰일 때는 per나 each와 같다.

at the rate of ~의 비율로

번역: 그들은 시속 80마일로 달렸다.

3.

정관사 the 의 활용을 묻는 문제이다.

the + same 같은

the + very 바로

the + only 유일한

the brain does에서 does는 works를 대신하는 대동사이다.

번역: 컴퓨터는 두뇌가 활동하는 것과 같은 식으로 작동하지는 않는다.

4.

"음악을 듣다"라는 표현은 listen to the music 이 아니다
정관사 the 가 붙지 않은 listen to music 이다.

번역: 그녀는 여가 시간에 음악을 감상한다.

5.

"고소하다," " 비난하다"의 뜻을 가진 accuse라는 동사가
과거분사형 accused로 쓰여 정관사 the와 결합하여 단수 명사가 된다.
5번은 수동태의 문제이므로 The accused 는 단수이므로
was brought into ~ 로 쓴다.

the + 형용사가 복수보통명사 되는 경우

the rich	부자들
the poor	가난한 사람들
the good	착한 사람들
the bad	나쁜 사람들
the young	젊은이들
the old	노인들
the accused	피고 (단수)
be brought into the court	법정에 불려오다

번역: 피의자는 법정에 소환되었다.

대명사

1 인칭대명사

인칭	수	주격	소유격	목적격	소유 대명사	재귀대명사
1인칭		I	my	me	mine	myself
2인칭		You	your	you	yours	yourself
3인칭	단수	He	his	him	his	himself
		She	her	her	hers	herself
		It	its	it	-	itself
1인칭		We	our	us	ours	ourselves
2인칭	복수	You	your	you	yours	yourself
3인칭		They	their	them	theirs	themselves

1) 주격: 문장에서 본동사 앞에 대문자로 쓴다.

Mr. Kim has proven that he is deserving of the job.

Mr. 김은 자신이 그 일을 담당할 자격이 있다는 것을 입증했다.

2) 소유격: 명사 앞에서 명사를 수식한다.

Love me, love my dog.

나를 사랑하면 내 개도 사랑하라.

3) 목적격: 타동사와 전치사의 목적어 자리에 온다.

~을, 를, 에게 의 뜻이다.

I want you to love him.

나는 당신이 그를 사랑하기를 바란다.

4) 소유대명사: 소유격 +명사의 뜻이다.

    명사 자리에 단독으로 쓰인다.

His opinion differs from mine.
그의 의견은 나의 의견과 다르다.

5) 재귀대명사: 행위를 행한 주어가 동사나 전치사의 목적어로 반복될 때
    쓴다. (생략 불가능)

He talked to his boss about himself.
그는 자신에 대해서 상사에게 말했다.

📝 재귀대명사 관용표현

by oneself	혼자서 (=alone)
for oneself	독력으로
of oneself	저절로
in itself	본래
beside oneself	제정신이 아닌
to oneself	자기 자신에게, 혼자만
in spite of oneself	자신도 모르게
between ourselves	비밀로, 우리끼리 얘지만
pride oneself on	~을 자랑스러워하다
present oneself at	~에 참석하다

He was beside himself with rage.

그는 화가 나서 제정신이 아니었다.

She always hums to herself.

그녀는 항상 혼자 흥얼거린다.

I fell asleep in spite of myself.

나 자신도 모르게 잠들었다.

He couldn't control the situation by himself.

그는 혼자서 그 상황을 통제할 수 없었다.

I tried to solve the difficult problems for myself.

나는 나 혼자의 힘으로 그 어려운 문제들을 풀려고 애썼다.

2 대명사의 일치

1) 수 일치

단수 명사는 단수 대명사로, 복수 명사는 복수 대명사로 일치시킨다.

The teacher told the applicants that ~~he~~ (they) have to follow the rules during the training.

선생님은 신청자들은 교육하는 동안에 규정을 따라야 한다고 말했다.

➡ the applicants가 복수이므로 주격 they를 써야 한다.

2) 격 일치

- ~~His~~ (He) will help you find the way to Kyungin Women's university.

  그는 당신이 경인여자대학교로 가는 길을 찾는데 도와줄 것입니다.

  ➡ 주어의 자리에는 주격이 와야 하므로 He를 써여 한다.

- The boss promised ~~she~~ (her) a pay raise.

  상사는 그녀에게 급여를 인상하겠다고 약속했다.

  ➡ 그녀에게라는 목적격을 써야 하므로 she가 아니라 her이다.

③ 부정 대명사

1) one ~ another....

(세 가지 이상에서) 하나는 ~, 다른 하 나는 ....

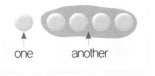

one   another

She bought one souvenir for her father at the shop. Then, she bought another for her mother.

그녀는 가게에서 아버지를 위한 선물 하나를 샀다. 그리고나서 엄마를 위한 다른 선물 하나도 샀다.

2) one ~ the other....

(두 가지 중에서) 하나는 ~ , 다른 하나는 …

He has two sons. One is a teacher, and **the other** is a policeman.

그는 아들이 두 명 있다. 한 명은 선생님이고, 다른 한 명은 경찰관이다.

3) one ~ another... the other ~

(셋 중) 하나는 ~, 다른 하나는 …, 나머지 하나는 ~

There are three cats in his room.

One is black, **another** is white, and the other is brown.

그의 방에는 고양이가 세 마리 있다.

하나는 검은 색이고, 다른 하나는 흰색이고 나머지 하나는 갈색이다.

4) one ~ the others …

(셋 이상일 경우) 하나는 ~ 나머지는 …

I have four foreign friends.

One is from England, ~~the other~~ (the others) are from America.

나는 외국인 친구가 4명이 있다.

한 사람은 영국인이고, 나머지는 미국 출신이다.

5) all, both

all 은 '모든'의 뜻이고,

both는 '양 쪽, 둘 다'의 뜻이다.

A. all + 가산 명사 복수형

All students were pleased to hear the good news.

모든 학생들이 희소식을 듣고 기뻐했다.

B. all + of + 관사/소유격 + 가산명사 복수형

All of the students are supposed to be present at the special lecture.

모든 학생들이 특강에 참석하기로 되어있다.

= All the students are supposed to be present at the special lecture.

전치사 of를 생략해서 쓸 수도 있다.

C. all + of + 관사/소유격 + 불가산명사

All of the furniture here ~~are~~ (is) made in Korea.

여기에 있는 모든 가구들은 한국산이다.

= All the furniture here is made in Korea.

전치사 of는 생략 가능하다.

furniture가 셀 수 없는 명사이므로 동사는 is로 써야 한다.

D. both + 가산명사 복수형

Both colleges have various facilities for students.

두 대학 모두 학생들을 위한 다양한 시설이 있다.

E. both of + 관사/소유격 + 가산명사 복수형

Both of her sisters leave for Canada this weekend.

그녀 언니 둘 다 이번 주말에 캐나다로 떠날 것이다.

F. each, every

each는 '각각,' '각자.'의 뜻이다.

명사를 수식하고 단수 취급한다.

every는 '모든,'의 뜻이다.

명사를 수식하고 단수 취급한다.

each +of는 가능하지만, every + of는 불가능하다.

a. each + 단수명사

Each ~~students have~~ (has) a dream to achieve.

학생 각자는 성취해야 할 꿈이 있다.

　* Each 다음에는 단수명사를 써야하므로 student가 된다.

　　student는 단수이므로 동사도 단수형을 쓴다.

b. each + of + 관사 /소유격 + 복수명사 + 단수형 동사

Each of the students ~~try~~ (tries) to flatter her.

학생 각자가 그녀에게 아부하려고 애쓴다.

* students가 복수명사라고 해서 동사를 try로 해서는 안된다.
  each는 항상 단수 취급한다는 점을 주의하자.

c. every + 단수명사 + 단수형 동사

Every ~~dogs~~ (dog) ~~have~~ (has) his day.

쥐구멍에도 볕들 날이 있다.

* every는 단수 취급하므로 dog 으로 쓰고,
  동사도 단수 주어에 일치시켜야 한다.

d. every + 기수 + 복수명사 = every + 서수 + 단수명사

'~ 간격으로,' '매 ~마다' 의 뜻이다.

He gives a call to his grandparents <u>every three months</u>. (기수)

= He gives a call to his grandparents <u>every third month</u>. (서수)

그는 그의 할아버지 할머니께 석 달에 한번 전화 드린다.

Mini Test

1. The Olympic Games are held (   ).
   (a) every four year   (b) each four years
   (c) every four years   (d) each four year

2. The climate of England is quite different from (   ) of Korea.
   (a) that   (b) one
   (c) which   (d) this

3. Of the two employees one has been assigned to the General affairs Division (   ) has become a part of the Human Resources Division.
   (a) others   (b) another
   (c) the other   (d) other

4. It's clear that we cannot make a decision about this until we have more (   ).
   (a) good informations   (b) good information
   (c) the good informations   (d) a good information

5. He yearned to return to Jeju island because (   ) had been enamored of its sights.
   (a) him   (b) his
   (c) he   (d) himself

Unit **9** 대명사 정답 및 해설

 정 답

| 1 | (c) | 2 | (a) | 3 | (c) | 4 | (b) | 5 | (c) |

 해 설

1.

every의 활용을 묻는 문제이다.

every는 each와 마찬가지로 단수 취급하는 대명사이다.

every + 단수명사 + 단수동사

each + 단수명사 + 단수동사

* each of + 관사/소유격 + 복수명사는 가능하지만,

　every of + 관사/소유격 + 복수명사는 불가능하다.

* every + 기수 + 복수명사

　= every + 서수 + 단수명사

every other day = every second day　하루 걸러

every day or two　1–2일 마다

every week or two　1–2주 마다

every fourth day = every four days　4일에 한번 (사흘 걸러)

Every fifth man has a car.　다섯 사람에 한 사람 꼴로 차를 가지고 있다.

번역: 올림픽 경기는 4년에 한번 열린다.

2.

지시대명사 that 의 용법을 묻는 문제이다.

문장에서 앞에 나온 명사의 반복을 피하기 위해서 that을 쓴다.

(that) of Korea에서 that 은 climate 을 가리킨다.

climate　　　　　기후

be different from   ~와 다르다

번역: 영국의 기후는 한국의 기후와 아주 다르다.

3.
두 가지 중에서 하나는 one 이고 다른 하나는 the other이다.

assign	…을 할당하다. 배정하다. 임명하다
be assigned to	…에 배정되다
assignment	할당, 과제
General Affairs Division	총무과
Human Resources Division	인사과

번역: 두 직원 중에서 하나는 총무과로 배정되었고, 다른 한 사람은 인사과로 배속 되었다.

4.
information은 셀 수 없는 명사이므로 부정관사나 복수형을 붙일 수 없다.

make a decision = decide   결심하다

번역: 더 좋은 정보를 얻을 때까지 우리가 이것에 대해서 결정을 할 수 없다는 것은 자명하다.

5.
인칭대명사의 알맞은 격을 묻는 문제이다.
because절 이하에서 동사가 나왔으므로 빈칸에는 주격 he가 와야 한다.

yearn	동경하다. 몹시 …하고 싶어하다 (to부정사를 목적어로 취하는 동사)
enamo(u)r	…의 마음을 빼앗다
be enamored of	~에 빠져있다

번역: 제주도의 경치에 홀딱 빠졌기 때문에 그는 제주도로 돌아가기를 갈망했다.

형용사와 부사

1 형용사

1) 용법

(1) 한정 용법 : 명사의 앞이나 뒤에서 수식한다.

a. 형용사 + 명사

She originated a new style of painting.

그녀는 새로운 형식의 그림을 창조해냈다.

b. 명사 + 형용사

I make a use of the latest information available.

나는 유용한 최신 정보를 이용한다.

c. 부정대명사(anything, something, nothing) + 형용사

I have something special to tell you.

나는 너에게 뭔가 말할 게 있어.

한정 용법에 쓰이는 형용사에 주의하자

elder	손 위의	former	이전의
inner	안쪽의	latter	나중의
live	생생한	lone	외로운
main	주요한	mere	단순한
only	오직	outer	외부의
sole	홀로	that	저것의
this	이것의	upper	상부의
utmost	최고의	utter	철저한
very	정말로	wooden	나무로 된
woolen	모직물의		

Singing is a mere livelihood for him.

노래 부르는 일은 그에게는 생계의 수단에 불과하다.

(2) 서술 용법: 주격보어나 목적격어 보어로 쓰인다.

    a. This book is interesting. (주격보어)

    b. I found this book is interesting. (목적격보어)

📝 서술용법으로만 쓰이는 형용사

afraid	두려운	alike	같은
alive	살아있는	alone	혼자
ashamed	부끄러운	asleep	잠든
aware	알고 있는	awake	깨어있는
content	만족하는	unable	~할 수 없는
liable	~하기 쉬운	worth	가치가 있는
fond	좋아하는		

I'm afraid of going there by myself.

나는 혼자 거기에 가는 것이 두렵다.

(3) 한정 용법과 서술 용법에 따라 뜻이 달라지는 형용사

a. The late president Kennedy lived in the house. (고(故) – 한정적)

고 케네디 대통령이 그 집에 살았다.

He was late for the meeting this morning. (늦은 – 서술적)

그는 오늘 아침 회의에 늦었다.

b. Is he the present chairperson? (현재의 –한정적)

그가 현재의 의장입니까?

Many people were present at the party. (참석한 – 서술적)

많은 사람들이 파티에 참석했다.

c. A certain man has been waiting for you. (어떤 –한정적)

어떤 사람이 당신을 기다리고 있어요.

It is certain that there was someday outside the window.

(확실한 – 서술적)

창 밖에 누군가가 있는 게 확실하다.

d. ill – 아픈 (서술적)   e. right – 옳은, 맞은 (서술적)

　　 – 나쁜 (한정적)　　　　　　　 – 오른쪽의 (한정적)

(4) 다음의 형용사들은 뜻에 유의하자

industrial	산업의	industrious	부지런한
appreciable	평가할 수 있는, 상당한	appreciative	감사하는
desirable	바람직한	desirous	~하고 싶은
beneficent	선행을 하는, 인정 많은	beneficial	이로운, 유익한
historic	역사상에 남는	historical	역사의
classic	최고의	classical	고전적인
healthful	유익한, 건강에 좋은	healthy	건전한, 건강한
continual	끊임없는, 빈번한	continuous	연속의, 부단한
economic	경제의	economical	검소한, 경제적인, 절약하는
honorable	존경할만한	honorary	명예상의
considerable	상당한	considerate	사려깊은
credible	믿을만한	credulous	쉽게 믿는, 잘 속는

comparable	필적하는, 견줄만한	comparative	비교의
childish	유치한	childlike	순진한
enviable	부러워할 만한	envious	부러워하는
contemptible	경멸할 만한, 하찮은	contemptuous	멸시하는
memorable	기억할 만한, 중대한	memorial	기념의
momentary	순간의, 시시각각의.	momentous	중요한
objective	목적의	objectionable	반대할듯한, 불쾌한
responsible	책임지는	responsive	반응하는
ingenious	솜씨 좋은	ingenuous	솔직한
respectful	공손한	respective	각각의
negligible	무시할 만한	negligent	소홀히 하는
regrettable	유감스러운, 애석한	regretful	후회하는, 뉘우치는
sensitive	예민한, 민감한	sensible	분별있는, 현명한
intelligent	이성적인	intelligible	이해할 수 있는
conscious	의식있는	conscientious	양심적인
confident	확신하는	confidential	비밀의
impressive	인상적인	impressionable	느끼기 쉬운

2 부사

1) 역할

형용사 + ly는 부사다.

부사는 문장에서 동사, 형용사, 다른 부사, 분사구, 절, 또는 문장전체를 수식한다.

(1) 동사 수식

You can learn English easily.

여러분은 영어를 쉽게 배울 수 있다.

(2) 형용사 수식

That investment is too risky for you.

그 투자는 네게 너무 위험하다.

(3) 다른 부사 수식

The traffic was moving very slowly.

차량이 매우 느리게 움직이고 있었다.

(4) 분사 수식

The newly released cell phone contains many programs.

새로 출시된 휴대폰은 많은 프로그램이 들어있다.

(5) 문장 전체 수식

Happily, he didn't die.

다행히 그는 죽지 않았다.

★ He didn't die happily.

그는 행복하게 죽지 못했다.

(그는 죽었는데 행복하게 죽지 못하고 불행하게 죽었다는 의미다.)

2) 주의해야 할 부사

(1) very

형용사, 부사, 현재분사를 수식한다.

She is very fond of flowers.

그녀는 꽃을 매우 좋아한다.

The soccer game was very exciting.

축구 경기는 매우 흥미진진했다.

(2) much

동사, 비교급, 과거분사를 수식한다.

She spoke much about the news.

그녀는 그 소식에 대해서 많이 얘기했다.

This is much better than that.

이게 저것보다 더 낫다.

The news is now much talked about.

그 소식은 이제 아주 많이 이야기 되었다.

* 과거분사가 동사의 성격이 완전히 없어진 형용사의 뜻으로 쓰이면 much가 아니라 very 로 수식한다.

She is **very** **disappointed** at the news.

그녀는 그 소식에 매우 실망했다.

(3) already

긍정문에서 쓰인다.

벌써, 이미 의 뜻이다.

현재완료, 과거, 과거 완료와 함께 쓰인다.

He has finished his homework already.

그는 벌써 그의 숙제를 끝냈다.

(4) yet

의문문, 부정문에 쓰인다.

벌써, 아직 의 뜻이다.

Have you finished your homework yet?

너는 숙제 벌써 끝냈니?

No, I haven't finished my homework yet.

아니, 아직 안 끝났어.

(5) 형용사와 부사가 같은 단어

단어	형용사의 뜻	부사의 뜻
early	이른	일찍
fast	빠른	빨리
hard	딱딱한, 어려운	단단하게, 열심히
much	많은	많이
well	좋은, 건강한	잘
low	낮은, 비열한	낮게, 비열하게
long	긴	길게
big	큰	크게
wide	넓은	넓게
large	커다란	크게
right	옳은	올바로
enough	충분한	충분히
high	높은	높이

(6) –ly 가 붙어서 뜻이 달라지는 단어

clean	전부, 완전히	cleanly	깨끗하게
close	가까이 밀접하게	closely	긴밀하게
deep	깊게	deeply	매우
free	무료로	freely	자유롭게
hard	열심히	hardly	거의 ... 하지 않다
high	높이	highly	매우
late	늦게	lately	최근에
near	가까이	near	거의
short	간략하게	shortly	곧
wide	넓게	widely	널리
most	가장	mostly	대부분
right	정확히	rightly	정당하게
direct	똑바로	directly	곧 바로, 즉시
last	마지막에, 전번에	lastly	마지막으로, 결국

The products were delivered ~~lately~~ (late).

제품이 늦게 배달되었다.

He is cleanly mad.

그는 완전히 미쳤다.

Mini Test

1. The solution to the problem is very (   ) to the development of our company.

   (a) momently
   (b) momentous
   (c) momentary
   (d) momentarily

2. Although it was raining heavily, Tim said that he must get to work (   ).

   (a) somehow
   (b) with some method
   (c) by no means
   (d) in some way

3. The CEO has (   ) approved the project after a long consideration.

   (a) lastly
   (b) finally
   (c) mostly
   (d) already

4. When he asked why she hadn't replied to his letter, he was shocked to learn that she had not (   ) received it.

   (a) yet
   (b) before
   (c) already
   (d) still

5. The CEO is very (   ) person and everybody admires his strong leadership.

   (a) respect
   (b) respectful
   (c) respective
   (d) respectable

Unit 10 형용사와 부사 정답 및 해설

 정 답

1	(b)	2	(d)	3	(b)	4	(a)	5	(d)

해 설

1.

부사 very 가 수식하는 자리에 오는 의미가 통하는 형용사를 고르는 문제이다.

momently   (부사) 잠시, 시시각각으로

momentarily (부사) 잠깐, 끊임없이

momentous (형용사) 중대한, 중요한

momentary   (형용사) 순간의, 찰나의

solution to   〜에 대한 해결

번역: 그 문제에 대한 해결이 우리 회사 발전에 매우 중요하다.

2.

somehow   = by some means   그럭저럭

with some method   어떤 방법으로 (method는 이론적, 체계적인 방법)

by no means = not … at all   결코 …하지 않다

in some way   어떻게 해서든지, 그 어떤 방법으로

get to work   직장에 가다

번역: 비가 몹시 내리고 있었지만, 팀은 어떻게 해서든지 직장에 가야 한다고 말했다.

3.

조동사와 과거분사 사이에 빈칸이 있으면 그 자리에는 부사가 들어가야 한다.
"장고 끝에" (after a long consideration) "마침내" 승인하는 것이므로
부사 finally가 정답이다.

lastly   (논술 따위에서) 마지막으로

mostly   주로

approve   인가하다, 승인하다

번역: 그 사장은 오랜 숙고 끝에 그 프로젝트를 재가했다.

4.

부사 yet의 쓰임새에 관한 용법이다.

yet은 주로 부정문, 의문문에 사용된다.

부정문에서는 "아직"의 뜻으로 쓰이고,

의문문에서는 "이미," "벌써"의 뜻이다.

문제 4에서는 "그녀가 아직 그것을 받지 못했다" 라는 의미로 yet을 쓴다.

reply to   ~에 답장하다

be shocked to부정사   ~에 충격을 받다

번역: 그가 자기 편지에 그녀가 왜 답장을 안했냐고 물었을 때, 그는 그녀가 아직 편지
      를 못 받았다는 것을 알고서 충격을 받았다.

5.

의미가 제대로 통하는 형용사를 고르는 문제이다.

admire   …을 칭찬하다, …에 감탄하다

admiration   감탄, 칭찬

respect   존경, 존경하다

respectful   공손한

respective   각각의

respectable   훌륭한

번역: 그 사장은 매우 훌륭한 사람이어서 모든 사람들이 그의 강력한 통솔력에 감탄한다.

Unit 11

비교

1 원급

(1) 동등비교

as ~ as 의 형태이다.

~ 만큼 …하다 의 뜻이다.

He is as tall as I (am tall).

그는 나만큼 키가 크다.

I ran as fast as I could.

나는 할 수 있는 한 빨리 달렸다.

(2) 열등비교

not so ~ as 의 형태이다.

~ 만큼 아주 ~하지 않다 의 뜻이다.

She is not so beautiful as Yuna.

그녀는 연아 만큼 아름답지 않다.

You are not so big as I.

너는 나만큼 크지 않아.

(3) 같은 인물의 두 가지 성질 비교

as A as B 의 형태이다.

B하기도 하면서 A하기도 하다 로 번역한다.

My English professor is as tender as kind.
우리 영어 교수님은 친절하면서도 부드러우시다.

(4) 배수사 (∼ times) + as A as B

B보다 몇 배나 A한 의 뜻이다.

His house is twice as large as mine.
그의 집은 크기가 우리 집의 두 배다.

This building is four times as big as that one.
이 건물은 크기가 저 건물의 네 배다.

= This building is four times the size of that house.

= This building is four times bigger than that house.

(5) not so much A as B

A라기보다는 B 의 뜻이다.

He is not so much a teacher as a poet.
그는 선생님이라기보다는 시인이다.

= He is a poet rather than a teacher.

(6) not so much as + 동사

~조차도 하지 않다.

The man cannot so much as write his own name.

= The man cannot even write his own name.

그 사람은 자기 이름조차 쓰지 못한다.

(7) as + 형용사/부사 + as possible

= as ~ as one can

할 수 있는 한 ~하게 의 뜻이다.

She ran as fast as possible.

= She ran as fast as she could.

그녀는 할 수 있는 한 빨리 달렸다.

(8) as many 같은 수의

   as much 같은 양의

She made four spelling mistakes in as many lines.

그녀는 네 줄에서 네 개의 철자 실수를 했다.

I was greatly respected, while he was as much despised.

나는 엄청나게 존중받았지만, 그는 그만큼 경시되었다.

형용사, 부사 불규칙 변화

원급	비교급	최상급
good	better	best
well		
bad	worse	worst
ill		
many	more	most
much		
far	farther	farthest
	further	furthest
little	less	least

* far의 경우, 거리를 뜻하는 비교급 '더 먼'의 뜻일 때는
farther, further 둘 다 쓰인다.
최상급에서도 farthest, furthest 둘 다 쓴다.
그러나 정도를 의미할 때는 further, furthest 만 쓴다.

We walked two miles farther (further) down the street.
우리는 거리를 2마일 정도 더 걸어 내려갔다.

Shall we think over this point further?
우리 이 문제를 좀 더 숙고해볼까요?

2 비교급

(1) 우등비교

비교급 + than 의 형태이다.

Water is heavier than oil.
물은 기름보다 무겁다.

* heavy 처럼 자음 + y로 끝나는 형용사는 y를 i로 고치고
  er을 붙여 -ier 의 형태로 비교급을 만든다.

Tom is more handsome than Smith.
Tom 은 Smith 보다 더 잘 생겼다.

* 2음절 이상의 단어 중에서 일부는 more를 붙여 비교급을 만든다.

She speaks far more slowly than I (do).
그녀는 나보다 훨씬 더 느리게 말한다.

* much, even, far, still, a lot + 비교급 은 '훨씬, 더욱, 한층'의 뜻
  이다.

(2) 열등비교

    less + 원급 + than의 형태이다.

    ~ 보다 덜 …한 의 뜻이다.

    The air in this country is less polluted than the air in that country.
    이 나라의 공기가 저 나라 공기보다 덜 오염되었다.
    = The air in this country is not as(so) polluted as the air in
       that country.

    ★ less + 원급 + than 은 'not as (so) + 원급 + as'로 바꾸어 쓸 수 있다.

(3) the + 비교급, the + 비교급

    ~하면 할수록 더 ~하다

    The more you have, the more you want.
    사람은 가지면 가질수록 더 많이 바란다.

    The more I get to know him, the more I get to love him.
    내가 그를 알면 알수록 더욱 그를 사랑하게 된다.

    The more haste, the less speed.
    급할수록 천천히

    The sooner, the better.
    빠르면 빠를수록 좋다.

(4) the + 비교급 + of the two

둘 중에서 더 낫다 의 뜻이다.

She is the more beautiful of the two women.

그녀가 두 여자 중에서 더 아름답다.

(5) know better than + to 부정사

~ 할 만큼 어리석지 않다

I know better than to do such a thing.

내가 그런 짓을 할 바보는 아니다.

(6) 비교급을 사용하는 부정 구문

a. A is no more B than C is D

= A is not B any more than C is D

= A is not B just as C is not D

A가 B가 아닌 것은 C가 D가 아닌 것과 같다 (양쪽 다 부정)

A whale is no more a fish than a horse is (a fish).

= A whale is not a fish any more than a horse is (a fish).

고래가 물고기가 아닌 것은 말이 물고기가 아닌 것과 같다.

b. no more than = only

   겨우, 단지

   He is no more than a student.

   그는 단지 학생이다.

c. A is no less B than C is D

   C가 D인 것과 마찬가지로 A는 B이다. (양 쪽 다 긍정)

   Yuna is no less beautiful than Mina.

   = Yuna is as beautiful as Mina.

   연아는 미나 만큼 아름답다.

d. no less than

   = as many as

   = as much as

   ~ 만큼이나

   She has no less than 100,000 won.

   그녀는 10만원이나 가지고 있다.

   ★ not more than = at most 기껏해야

     not less than = at least 적어도

(7) 비교급, 최상급이 두 가지

late	시간	later (더 늦게)	latest 가장 늦게, 최근에
	순서	latter (나중의)	last 마지막으로, 최후에

★ the latest news 최근 소식

the last news 마지막 소식

old	나이 먹은	older 더 오래된	oldest 가장 오래된
	연상의	elder 더 연장자의	eldest 가장 연장자의

★ She is four years older than he.

그녀가 그보다 4살 더 먹었다.

She is my elder sister.

그녀는 나의 누나다.

★ 미국 구어에서는 older로 쓴다.

(8) 라틴어 계열 비교급에 주의하자

비교급 문장에서 than 대신에 to 를 쓴다.

superior to	∼ 보다 월등한
senior to	∼ 보다 선배의, 연장자의
prior to	∼ 보다 우선의, 앞선
inferior to	∼ 보다 열등한
junior to	∼ 보다 후배의
prefer A to B	B보다 A를 더 좋아하다

He is four years junior to me.

그는 내 4년 후배다.

She prefers coffee to tea.

그녀는 차보다 커피를 더 좋아한다.

3 최상급

(1) 형용사는 the + 최상급 형태로 사용한다.

부사는 정관사 the 를 쓰지 않고 최상급만 쓴다.

의미는 '~중에서 가장 …한' 으로 사용된다.

최상급 뒤에는 비교의 대상을 한정하는 in 이나,

of 가 이끄는 전치사구나 절이 나온다.

The girl studies ~~the hardest~~ (hardest) of them all.

그 여자 아이가 그들 중에서 가장 열심히 공부한다.

* 부사는 최상급일 때 정관사 the 를 쓸 수 없다.

the + 최상급	in + 장소 (단수명사)	…에서 가장 ~한
	of + 복수명사	…중에서 가장 ~ 한
	절	

She is the brightest student in this department.

그녀가 이 과에서 가장 똑똑하다.

This bag is the lightest of all.

이 가방이 모든 것들 중에서 가장 가볍다.

This is the thickest glass that I have ever seen.

이것이 내가 지금까지 본 유리 중에서 가장 두꺼운 거다.

(2) 비교급과 최상급을 동시에 사용할 수 없다

That was ~~the most saddest~~ (the saddest) song I have ever heard.

그 노래는 내가 지금까지 들었던 중 가장 슬픈 것이었다.

(3) 주어 + 비교급 + than + any other + 단수명사

'어느 ~보다 더 ~한'

Mt. Everest is higher than any other mountain in the world.

에베레스트 산은 세계에서 다른 어떤 산보다 더 높다.

(4) 부정주어 + 비교급 + than '어느 …도 더 ～ 하지 않다'

= 부정주어 + so(as) + 원급 + as '…만큼 ~한 것은 없다'

No other mountain in the world is higher than Mt. Everest.

세계에서 그 어떤 산도 에베레스트 산보다 높지 않다.

= No other mountain in the world is as(so) high as Mt. Everest.

세계에서 그 어떤 산도 에베레스트 산만큼 높지 않다.

비교급과 최상급의 관용표현

more than	~하고도 남는
at the latest	아무리 늦어도
at the earliest	아무리 빨라도
at the earliest convenience	최대한 빨리
at best	기껏해야
at least	적어도
at most	많아야
at one's highest	최고
at one's lowest	최저

Mini Test

1. Cascading down a remote Venezuelan peak, Angel Falls is (   ) in the world.
   (a) the most highest
   (b) the more highest
   (c) the very highest
   (d) very highest

2. Jenny is no (   ) beautiful than her elder sister.
   (a) little
   (b) much
   (c) many
   (c) less

3. The songs of Bob Dylan are very popular among young people, who regard him as (   ) other musicians.
   (a) more superior than
   (b) superior to
   (c) the more superior
   (d) superior than

4. This is one of (   ) computers on the market.
   (a) the finest
   (b) the finer
   (c) more finest
   (d) more finer

5. Of all the candidates, he is perhaps (   ) qualified.
   (a) the less
   (b) more less
   (c) a little
   (d) the least

Unit 11 비교 정답 및 해설

 정 답

1	(c)	2	(d)	3	(b)	4	(a)	5	(d)

해 설

1.

최상급 활용을 묻는 문제이다.

최상급을 강조할 때 **the very + 최상급**을 쓴다.

cascade	작은 폭포, 폭포처럼 떨어지다, 작은 폭포가 되다
cascade down	폭포가 되어 떨어지다
remote	멀리 떨어진, 먼
peak	봉우리

번역: 저 멀리 베네수엘라의 산봉우리에서 떨어지는 엔젤 폭포는 세계에서 가장 높다.

2.

no less ~ than 비교급을 묻는 문제이다.

no less ~ than   ~만큼이나

Jenny is no less beautiful than her elder sister.

= Jenny is as beautiful as her elder sister.

번역: 제니는 그녀 언니만큼 아름답다.

3.

라틴어 계열에서 온 형용사의 비교급을 묻는 문제이다.

비교급 규칙은 "비교급 ~ than" 이지만,

라틴어 계열의 형용사를 비교급으로 나타낼 때는

than 대신에 to 를 쓴다.

regard A as B   A를 B로 간주하다
superior to   ~보다 더 월등한

번역: 밥 딜런의 노래는 젊은이들 사이에서 매우 인기가 있어서, 사람들은 그가 다른 음악인들보다 더 뛰어나다고 여긴다.

4.
"one of+the + 최상급 + 복수명사"를 묻는 문제이다.
~one of the smartest mobile phone ~ 가장 멋진 휴대폰 중의 하나를 뜻한다.
on display   진열 되어 있는

번역: 이것이 진열되어있는 가장 멋진 휴대폰 중의 하나이다.

5.
Of all the candidates   ~ 모든 후보자들 중에서
the least   가장 적은
qualify   …에게 …할 자격을 부여하다
qualified   자격이 있는, 적임의

번역: 모든 후보자들 중에서 그가 아마 가장 자격이 없다.

접속사

1 등위 접속사

for, and, nor, but, or, yet, so 등이 있다.

단어, 구, 절을 문법상 대등한 관계로 연결시키는 접속사

등위 접속사 앞 뒤에는 같은 형태의 단어, 구, 절을 써야 한다.

for	왜냐하면, ~이므로 (앞에 나온 내용에 대한 이유)
and	~와, 그리고, ~하고 나서
nor	또한 ~ 아니다, 그리고 ... 않다(부정문에서)
but	그러나, 하지만 (반대, 대조)
or	또는 (선택), 즉, 다시 말해(that is to say)
yet	하지만, 그렇지만
so	그래서, 그러므로 (앞의 내용에 대한 결과)

It is morning, for the birds are singing.

아침이다. 새들이 지저귀므로.

You should learn English and another foreign language.

너는 영어와 그리고 또 다른 외국어를 배워야 한다.

He can not do it, nor can I.

그도 못하고 나 또한 못한다.

* nor 다음에 절이 올 경우, 어순은 nor + be 동사/조동사 + 주어 이다.

This is not the main reason, nor ~~the most important is~~. (is the most important).

이것이 주된 이유는 아니며 또한 가장 중요한 이유도 아니다.

I don't watch T.V. not because I don't like it ~~but~~ (but because) I have no time to spare.

나는 T.V를 좋아 하지 않아서가 아니라 짬이 나지 않아서 T.V.를 못 본다.

★ not because 와 대등하게 but because 로 써야 한다.

He usually goes to a library or a museum on Saturday.

그는 보통 토요일에 도서관이나 박물관에 간다.

She said she would be late, yet she arrived on time.

그녀는 늦겠다고 말했으나 정각에 도착했다.

All the students are in the auditorium, so the classroom is empty.

모든 학생들이 강당에 있다. 그래서 강의실이 비었다.

② 종속접속사

1) 때 (시간)

when	～할 때
as	～하고 있을 때, ～하면서, ～함에 따라
while	～하는 동안
since	～이후로
before	～전에
till(until)	～까지
after	～후에
as soon as	～하자마자
No sooner A than B	～A하자마자 B하다
as long as	～하는 한
every time	～할 때마다
the moment	～하자마자
directly	～하자마자

No sooner had he seen me than he ran away.

그는 나를 보자마자 도망갔다.

* No sooner처럼 부정어가 문장 앞에 오면 조동사가 주어보다 먼저
  쓰인다.

* 어순은 No sooner + 과거완료 + than + 과거

I shall never forget him as long as l live.

내가 살아 있는 한 그를 결코 못 잊을 것이다.

Every time you feel sad, remember that you are loved by me.

네가 슬플 때마다 내가 너를 사랑하고 있다는 걸 명심해라.

2) 이유, 원인

Now (that) you mention it, I remember.

당신이 그것에 대해 말하니까 기억나네요.

3) 목적

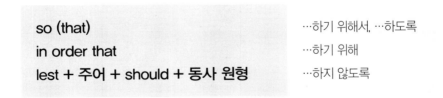

Speak more loudly so that I can hear you.

= Speak more loudly in order that I can hear you.

들리도록 좀 크게 말해주세요.

You'd better go out with an overcoat on lest you should <u>catch</u> cold.

감기에 걸리지 않도록 코트를 입고 나가라.

4) 조건

if	만약 …라면
unless	~가 아니라면
in case	만일에 대비하여
suppose (that)	만약 …라고 한다면
providing/provided that	만약 …이라면
supposing	만약 …이라면

Take an umbrella with you in case it rains.

비가 올 경우에 대비해서 우산을 가져가거라.

Supposing your father knew it, what would he say?

너의 아버지가 아신다면 뭐라고 하실까?

Suppose (that) you are late, what excuse will you make?

지각하면 너는 뭐라고 변명할거니?

Providing (Provided) that all your task is done, you may go home.

일을 다 마쳤으면 집에 가도 좋다.

5) 결과

$$so + 형용사 / 부사 + that = such a / an + 형용사 + 명사 + that$$
너무 ~해서 …하다

The desk was so heavy that I couldn't move it.

= The desk was such a heavy one that I couldn't move it.

책상이 너무 무거워서 나는 들 수 없었다.

6) 장소

where	~한 곳
wherever	+ 주어 + 동사 어디에 …하든

I will follow wherever you go.

당신이 가는 곳은 어디든지 따라갈 겁니다.

7) 양보

though = although = even though	비록 ~일지라도
even if	가령 ~라 할지라도
	(불확실한 일을 가정할 때)
as	비록 ~이지만
while	~할지라도, ~이지만

Although it may sound strange, yet it is quite true.

이상하게 들릴지 모르지만 그건 진짜 사실이다.

Much as I liked him, I couldn't love him.

매우 좋아했지만 그를 사랑할 수는 없었다.

Even if you don't like him, you have to help him.

설사 그를 좋아하지 않는다고 할지라도 너는 그를 도와주어야 한다.

3 상관접속사

both A and B	A와 B 둘 다
at once A and B	A하기도 하고 또 B하기도 하다
not A but B	A가 아니라 B (B에 동사의 수를 일치시킨다)
either A or B	A나 B 둘 중 하나 (B에 동사 수 일치)
neither A nor B	A도 아니고 B도 아닌 (B에 동사 수일치)
not only A but also B	A 뿐만 아니라 B도 (B에 동사 수일치)
= B as well as A	

Not only he but also they is (are) going to join a swimming club.

= They as well as he is (are) going to join a swimming club.

그 뿐만 아니라 그들도 수영 동아리에 가입할 것이다.

He is at once stern and tender.

그는 엄격하기도 하고 또한 상냥하기도 하다.

④ 명사절을 이끄는 접속사

1) that

a. 주어 : ~라는 것은 의 뜻이다.

That you are innocent is certain.

당신이 무죄라는 것은 확실하다.

b. 목적어 : ~라는 것을 의 뜻이다.

I believe that he loves me.

나는 그가 나를 사랑한다는 것을 믿는다.

c. 보어 : ~이다 의 뜻이다.

The question is that she doesn't like him.

문제는 그녀가 그를 좋아하지 않는다는 것이다.

2) if, whether + 주어 + 동사

~인지 아닌지 의 뜻이다.

Ask them if they know his cell phone number.

그들에게 그의 휴대폰 번호를 알고 있는지 물어봐라.

5 접속부사

부사이면서 접속사의 뜻을 가진 단어

부사이므로 절을 이끌 수 없다.

콤마 (,)와 세미콜론 (;) 사이에서도 접속사 역할을 하기도 한다.

1) 결과

accordingly	따라서	consequently	그 결과로
as a result	그 결과로	hence	이 때문에
therefore	그러므로	thus	그래서

It rained cats and dogs; therefore, I had to stay home.

비가 억수같이 내려서 나는 집에 있어야 했다.

2) 부연 설명

besides	게다가	in addition	게다가
furthermore	더군다나	moreover	더 나아가
in other words	다시 말해서		

He hasn't made a flight reservation yet. In addition, he has to extend the visa.

그는 비행기 예약을 안했다. 게다가 비자도 연장해야 한다.

3) 양보

however **nonetheless**	…이라 해도 그렇지만	**nevertheless**	그럼에도 불구하고

He disappointed me. However, as a mother I shall not give up hope.

그 애가 나를 실망시켰지만, 엄마로서 나는 희망을 버리지 않을 것이다.

4) 기타

for example **finally**	예를 들면 결국	**in contrast** **on the other hand**	대조적으로 반면에

6 뜻이 같은 접속사와 전치사의 용례

어순 : 접속사 + 절 (주어 + 동사)

전치사 + 명사/ -ing / 대명사

뜻	전치사 + 명사상당어구	접속사 + S + V
~ 때문에	because of	because + S + V
	due to	
~에도 불구하고	despite in spite of	although even though
~하는 동안	during	while +S+V
~을 제외하고	except	except that + S+V
~의 경우에 대비해	in case of	If + S + V
	in the event of	
~이 없다면	without	unless

In case of rain, the picnic will be put off.

= In case (that) it rains, the picnic will be put off.

비가 올 경우에는 소풍은 연기될 것이다.

Mini Test

1. (   ) people buy now and pay later, but it is also generally safer to   carry than cash.

   (a) The credit card, which not only lets

   (b) Not only the credit card lets

   (c) Not only does the credit card let

   (d) The credit card lets

2. (   ) tomorrow, our picnic will be canceled.

   (a) In case it rains   (b) If it will rain

   (c) Whether it rains   (d) Unless it rains

3. I've learned (   ) Americans open gifts as soon as they receive them.

   (a) that   (b) and

   (c) if   (d) when

4. (   ) you are well again, you can enjoy traveling.

   (a) Whether   (b) Now that

   (c) So that   (d) As regards

5. (   ) swans migrate long distances is well known.

   (a) That it is   (b) When

   (c) That   (d) It is that

Unit 12 접속사 정답 및 해설

정답

1	(c)	2	(a)	3	(a)	4	(b)	5	(c)

해설

1.

not only ~ but also의 구문이다.

이 구문이 문장 처음에 쓰일 때 어순에 주의해야한다.

부정어로 시작하므로 Not only + 조동사 + 주어이다.

그러므로 답은 Not only does the credit card let ~이다.

번역: 신용카드는 사람들이 지금 사용하고 나중에 물건 값을 갚게 할 뿐만 아니라, 일반적으로 현금보다 가지고 다니기가 더 안전하다.

2.

"만약 ~일 경우에"를 뜻하는 if 대용의 "In case"에 대한 문제이다.

(b)는 조건을 나타내는 부사절일 때는 시제를 현재로 써야 하므로 답이 아니다.

(c)의 whether는 "~인지 아닌지"의 뜻이므로 답이 될 수 없다.

(d)의 unless는 "만약 ~하지 않는다면"의 뜻이다.

취소하다 cancel의 과거형은 canceled = cancelled

번역: 만약 내일 비가 온다면 소풍은 취소될 것이다.

3.

문장에서 의미가 통하도록 목적어 역할을 하는 접속사는 that밖에 없다.

번역: 미국 사람들은 선물을 받자마자 열어본다는 것을 나는 알았다.

4.

원인과 이유의 뜻인 "~이므로"라는 뜻을 나타내는

now that 에 관한 문제이다.

now that에서 that 을 생략 할 수 있다.

are well   건강하다

enjoy는 동명사를 목적어로 취하는 동사다.

travel의 동명사형은 traveling = travelling

번역: 당신이 다시 건강을 회복했으니 여행을 즐길 수 있겠군요.

5.

문장의 맨 앞에서 절을 이끌 수 있는 접속사는 that 뿐이다.

migrate	이주하다. 이동하다
migration	이주, 이동
immigrate	이주해오다. 이민 오다
immigration	이민
emigrate	이민가다
emigration	이민

번역: 백조들이 먼 거리를 이동하는 것은 잘 알려져 있다.

Memo

관계사

1 관계대명사의 종류

관계대명사 앞에 오는 명사를 선행사라 한다.

관계대명사는 절로서 선행사를 수식한다.

접속사 + 대명사 의 역할을 한다.

선행사	주격	목적격	소유격
사람	who	whom	whose
사물, 동물	which	which	whose = of which
사람, 사물, 동물	that	that	X
사물(선행사 포함)	what	what	X

1) 관계대명사 who

(a) 주격: 선행사 + 주격 관계대명사 + 동사

This is the girl. She is a good typist.

➡ This is the girl who is a good typist.

이 사람이 타자를 잘 치는 그 여자다.

* She 가 주격이므로 관계대명사는 who를 쓴다.

He is the greatest conqueror who has conquered himself.

자신을 정복한 사람이 가장 위대한 정복자이다.

★ 관계대명사 주격 다음의 동사는 선행사의 수에 일치해야 하므로 has 를 쓴다.

(b) 목적격: 선행사 + 목적격 관계대명사 + S + V

The man whom you saw in the classroom is my professor.

강의실에서 당신이 본 그 사람이 우리 교수님이다.

(c) 소유격: 선행사 + 소유격 관계대명사 + 명사

Have you ever heard about the poet whose name is Ma Jongki?

마종기라는 시인의 이름을 들어본 적이 있습니까?

2) 관계대명사 which

(a) 주격

Please give me a room which command (commands) a fine view.

전망이 좋은 방 하나 주세요.

★ 선행사가 사물을 나타내는 a room 이므로 관계대명사는 which 이다.

주격관계대명사 다음에 오는 동사는 선행사가 단수인 a room 이므로 동사는 commands 를 써야 한다.

(b) 목적격

He found his wallet which he lost in the bus.

그는 버스에서 잃어버린 지갑을 찾았다.

(c) 소유격

The mountain whose top is covered with snow is Halla.

= The mountain the top of which is covered with snow is Halla.

= The mountain of which the top is covered with snow is Halla.

정상이 눈으로 덮여 있는 저 산은 한라산이다.

3) 관계대명사 that

(a) 반드시 that 을 쓰는 경우

ⓐ You are the only friend that I have.

너는 내 유일한 친구야.

* 선행사가 최상급의 형용사, 서수사, the only, the very, all 등이 쓰일 때는 반드시 관계대명사 that 을 사용한다.

ⓑ He is the very man that I want.

그는 내가 바로 바라는 사람이다.

ⓒ All that glitters is not gold.

반짝이는 것이라고 모두 금은 아니다.

ⓓ 선행사가 사람, 사물, 동물일 때

She spoke of the men and animals that she had seen.

그녀는 그녀가 본 사람들과 동물들에 대해서 말했다.

(b) that을 쓸 수 없는 경우

ⓐ that 앞에는 전치사를 쓸 수 없다.

This is the book of that he spoke. (X)

This is the book that he spoke of. (O)

이 책이 그가 말했던 책이다.

ⓑ 계속적 용법에서 , (콤마) +that 은 불가하다.

Let me introduce my English professor, ~~that~~ (who) will help you solve any problems.

제 영어 교수님을 소개하겠는데, 그분은 여러분의 문제점들을 해결하는데 도움을 주실 것입니다.

4) 관계대명사 what

선행사가 what 속에 포함되어 있으므로 선행사가 없다.

the thing(s) which = the thing(s) that 의 뜻을 나타낸다.

명사절을 이끌며 소유격은 없다.

ⓐ I never forget what he talked to me.

= I never forget the things which(that) he talked to me.

나는 그가 내게 했던 말을 결코 잊을 수 없다.

ⓑ What takes place at the construction site must be reported to the supervisor.

공사장에서 발생하는 일은 감독관에게 보고해야 한다.

ⓒ 관용적인 표현

★ what we(you/ they) call = what is(are) called 소위

He is what you call a walking dictionary.

그는 소위 걸어 다니는 사전이야.

★ A is to B what C is to D

A의 B에 대한 관계는 C의 D에 대한 관계와 같다.

Reading is to the mind what food is to the body.

독서와 정신에 대한 관계는 음식과 몸에 관한 관계와 같다.

★ what is better 금상첨화인 것은

what is worse 설상가상으로

2 관계부사

관계부사는 앞에 오는 선행사를 수식하는 절을 이끈다.

접속사 + 부사의 역할을 한다.

전치사 + which로 바꾸어 쓸 수 있다.

	선행사	관계 부사	전치사 + 관계대명사
장소	the place, the country, the city, the town, the house …	where	at/in/ to which
시간	the time, the year, the month, the day	when	at/in/ on which
이유	the reason	why	for which
방법	the way	how	in which

November 17th is the day when he was born.

= November 17th is the day on which he was born.

11월 17일은 그가 태어난 날이다.

The manager will tell you how you can operate the machine.

= The manager will tell you the way in which you can operate
the machine.

매니저가 그 기계 작동하는 방법을 당신에게 말해줄 겁니다.

* The manager will tell you the way how you can operate the machine. (X)

➡ the way 와 how 를 동시에 함께 사용해서는 안 된다.

둘 중 하나만 사용한다는 것을 명심하자.

I don't know (the reason) why he had to leave.

나는 그가 왜 떠나야만 했는지 그 이유를 모른다.

* 관계부사의 선행사는 생략 가능하다.

Do you know the time (when) the product is delivered?

당신은 그 제품이 배달되는 시간을 아십니까?

* 관계부사 앞에 선행사가 있을 경우에는 관계부사 생략 가능

3 복합 관계대명사

관계대명사 + ever 의 형태이다.

선행사가 포함되어 있으므로 선행사가 오지 않으며 명사절을 이끈다.

주격	소유격	목적격	용법	
			명사절	양보 부사절
whoever	whosever	whomever	anyone who ~ ~ 하는 누구든지	no matter who ~ 누가 ~하더라도
whichever	X	whichever	any thing that ~ ~ 하는 어느 쪽이든지	no matter which 어느 쪽을 ~하더라도
whatever	X	whatever	any(thing) that ~ ~하는것은 무엇이든	no matter what ~ 무엇을 ~하더라도

Whoever submits the proposal first will get an additional point.

= Anyone who submits the proposal first will get an additional point.

제안서를 가장 먼저 제출하는 사람은 누구든지 추가점수를 받을 것이다.

You may take whichever you like.

네가 좋아하는 어느 것이든지 가져도 좋다.

I will do whatever you tell me to do.

나는 당신이 내게 하라는 것은 무엇이든지 할 것입니다.

복합 관계부사

복합관계부사는 선행사를 포함하고 있다.

부사절을 이끈다.

	시간 / 장소 부사절	양보 부사절
whenever	at any time ~하는 언제든지	no matter when 언제 ~하더라도
wherever	in any place ~하는 곳은 어디든지	no matter where 어디에 ~하더라도
however	–	no matter how 아무리 ~하더라도

Whenever you may call on him, you'll find him reading something.

당신이 찾아가는 언제든지 그는 무엇인가를 읽고 있을 것이다.

Sit wherever you like.

어디든지 네가 좋아하는 곳에 앉아라.

However ~~he may study hard~~ (hard he may study), he cannot pass the exam.

아무리 그가 열심히 공부한다해도 그 시험에 합격하지 못할 것이다.

➡ however + 형용사/부사 + 주어 + 동사에 주의하자.

Mini Test

1. The school tries to hire employees from diverse backgrounds but it now only has 20 teachers, all of (　) are women.
   - (a) that
   - (b) who
   - (c) whom
   - (d) what

2. (　) business you may be engaged in, you must do your best.
   - (a) Wherever
   - (b) Whatever
   - (c) Whichever
   - (d) Whoever

3. This is the very restaurant (　) I first met my boyfriend.
   - (a) which
   - (b) as
   - (c) where
   - (d) that

4. The policemen were finally able to arrest the woman (　) fingerprints had been found on the desk.
   - (a) whose
   - (b) whom
   - (c) who
   - (d) which

5. Join us here next week (　) we will be talking about our new program.
   - (a) how
   - (b) why
   - (c) that
   - (d) when

Unit 13 관계사 정답 및 해설

 정 답

| 1 | (c) | 2 | (b) | 3 | (d) | 4 | (a) | 5 | (d) |

 해 설

1.

관계대명사 목적격을 나타내는 whom이 답이다.

diverse   다양한

번역: 그 학교는 다양한 배경을 가진 교사들을 채용하려고 애쓰고 있다. 하지만 현재 20명만 있는데 그들 모두는 여성이다.

2.

복합관계대명사를 묻는 문제이다.
"~하는 것은 무엇이든지"의 뜻으로 Whatever를 써야 한다.
whichever는 범위가 정해져 있을 때 사용한다.

be engaged in   ~에 종사하다, ~에 바쁘다
do one's best   최선을 다하다

3.

the very가 있으므로 관계대명사 that을 써야 한다.

번역: 이곳이 내가 내 남자친구를 처음 만났던 바로 그 식당이다.

4.

관계대명사의 격을 묻는 문제이다.
빈칸 앞에 선행사 명사가 있고 빈칸 뒤에 명사가 나오면
빈칸에는 소유격이 나와야 하므로 whose를 쓴다.

arrest   체포하다
fingerprint   지문

번역: 경찰은 책상위에서 지문이 발견된 그 여자를 마침내 체포할 수 있었다.

5.

빈칸 앞에 next week 라는 시간을 나타내는 부사가 있으므로 관계부사 when
을 쓴다.

join   …을 결합하다, 가입하다, 참가하다
Join us.   우리와 함께 하자.

번역: 우리의 새로운 프로그램에 대해서 이야기하도록 다음 주에 여기서 봅시다.

Memo

전치사

1 시간(때)의 전치사

1) at, on , in

at	구체적인 시각, 비교적 짧은 시간을 나타낼 때 쓴다.	at 9 a.m., at night, at 2 o'clock, at the age of thirty, at lunchtime, at present, at the moment, at sunset, at Christmas
in	연도, 월, 계절, 오전, 오후, 저녁, 세기나 비교적 긴 시간 등을 나타낼 때 쓴다.	in 2011, in August, in the summer, in the 21st century, in the evening, in the past, in the 1990s
on	날짜, 요일, 특정한 시간, 요일, 그 날의 아침, 저녁, 낮 등을 나타낼 때 쓴다.	on Friday, on May 1st, on the 18th of August, on the morning of November 17, on Christmas Day, on New Year's Eve, on my birthday

2) for, during, over, through

for	~ 하는 동안, for + 숫자	for two weeks, for ages, for years, for a moment, for half an hour
during	during + 특정기간	during this semester, during the lunchtime, during the night, during the lecture, during the journey
over	~동안 쭉, ~의 끝까지 during과 for 대신 사용 가능	over the holidays, over Sunday, over the ten months, over a series of years
through	~동안 내내, 처음부터 끝까지,	through the lecture, through the winter, through the night

During the night the snow changed to rain.

밤 동안 눈이 비로 바뀌었다.

Can you stay here over Sunday?

일요일 까지 여기서 묵을 수 있습니까?

He will stay here **through** the winter.

그는 겨울 내내 여기서 머무를 것이다.

She dozed off **through** the class.

그녀는 강의 내내 졸았다.

3) by, until(till)

by	~까지는, 동작이나 상태가 어느 시점에 완료	by 2 o'clock, by Sunday, by tomorrow,
until	~까지, 동작이나 상태의 계속	until tomorrow, until 5 p.m., until noon, until Tuesday

You must read the book **by** tomorrow.

너는 책을 내일까지 읽어야 한다.

He is supposed to finish his work **until** tomorrow.

그는 내일까지 그의 일을 끝내기로 되어있다.

4) since, from

from	~로부터 (어느 때의 기점)	from tomorrow, from August 3rd
since	~이래 쭉 (과거부터 현재까지 계속)	since last Sunday, since the accident, since my graduation

It's been raining on and off since last week.

지난 주부터 비가 오락가락한다.

Two months from today is winter vacation.

오늘부터 두 달 겨울 방학이다.

5) in, within

in	지금부터 ~시간이 경과하여	in ten minutes, in a few weeks
within	~이내에	within two days, within 24 hours

2 장소의 전치사

1) at, in, on, above, over

at (~에)	특정지점, 비교적 좁은 장소앞에	at the doctor's office, at Seoul station, at the bus stop, at City hall, at the bank
in (~안에)	공간속에 있는 느낌이나 비교적 넓은 장소, 도시, 나라 앞에	in my bag, in Incheon, in Korea, in New York, in the living room
on (~위에)	물체가 표면에 접촉해 있는 경우	on the wall, on the rock, on the table, on the floor, on Main Street
above (위에, 위쪽에)	(보다 높은) 위쪽을 나타낼 때 = higher than	above his head, above the sea level, above us
over (바로 위에)	떨어져서 바로 위에	over the sea, over the river, over his head

The town is situated 2,000 meters above (the) sea level.

그 도시는 해발 2,000미터의 곳에 자리 잡고 있다.

The cliff hangs over the sea.

그 절벽은 바다위로 나와 있다.

She has a beautiful oriental rug on the floor.

그녀는 마루에 아름다운 동양식 양탄자를 깔았다.

2) below, under

below	(~보다 낮은) 아래에 =lower than	below the sea level, below the line, below the horizon, below us
under	~ 바로 아래에	under the sea, under the sun
beneath	(접해서) 바로 밑에	beneath my head, beneath the same roof, beneath the wall

He lives in the apartment below us.

그는 우리 아래층 아파트에 산다.

There was a flower border beneath the wall.

벽 밑쪽에 화단이 있었다.

3 주의해야 할 전치사 용법

1) 전치사는 중복 사용 불가

You can pay for your purchases here with on a credit card. (X)

➡ You can pay for your purchases here with a credit card. (O)

당신이 구매하신 물품들은 여기서 카드로 결제할 수 있습니다.

2) 시간 표시 부사(구)는 시간표시 전치사(in, on, at)와 함께 불가

시간표시 부사(구): this, next, last, tomorrow, yesterday
every day, now, that

He has been working hard in this week. (X)

➡ He has been working hard this week. (O)

그는 이번 주에 열심히 일하고 있다.

4 주요 전치사 관용어구

1) 전치사구

in advance	미리	apart from	~은 별도로 하고
as a result of	~의 결과로	in detail	자세히
in writing	서면으로	aside from	~이외에
at all times	항상	in conclusion	결론적으로
at the rate of	~의 비율로	by the end of	~의 말까지
upon request	신청하는 대로	in accordance with	~에 따라서
in light of	~로 비추어 보아	in comparison with	~와 비교하여
in place of	~ 대신에	in view of	~을 고려하여
under construction	공사 중	with regard to	~에 대하여
on behalf of	~을 대신하여	without a doubt	의심할 바 없이
in excess of	~을 초과하여	by means of	~을 수단으로
in observance of	~을 준수하여	in charge of	~을 책임지는
on the recommendation of	~의 추천으로		

My company is planning to send samples to the regular customers by the end of this month.

우리 회사는 단골 고객들에게 이번 달 말까지 샘플을 보낼 것이다.

2) be동사 + 과거분사(p.p.)/ 형용사 + 전치사

be afraid of	~을 두려워하다	be accustomed to	~에 익숙하다
be ashamed of	~을 부끄러워하다	be angry with	~에 화나다
be close to	~에 가깝다	be appreciative of	~에 감사하다
be attached to	~에 붙어있다	be aware of	~을 알다
be capable of	~할 수 있다	be based on	~에 근거하다
be dedicated to	~에 헌신하다	be eligible for	~할 자격이 있다
be crazy about	~에 열광적이다	be equal to	~와 동등하다
be enthusiastic about	~에 열정적이다	be crowded with	~로 붐비다
be equipped with	~을 갖추다	be known for	~로 유명하다.
be frightened at	~에 놀라다	be suitable for	~에 적합하다
be consistent with/in	~와 일치하다	be responsible for	~을 책임지다
be familiar with	~에 익숙하다	be inferior to	~에 열등하다
be pleased with	~에 만족하다	be polite to	~에게 공손하다
be superior to	~보다 월등하다	be subject to	~하기 쉽다
be made of	~으로 만들어지다	be related to	~에 연관되다
be entitled to	~할 자격이 있다	be involved in	~와 관련 있다
be satisfied with	~에 만족하다	be covered with	~으로 덮여 있다
be filled with	~으로 가득 차다	be full of	~으로 가득 차다
be married to	~와 결혼하다	be similar to	~와 비슷하다
be proud of	~을 자랑스러워하다	be jealous of	~을 질투하다
be mad at	~에 화나다	be sorry for	~에미안하게생각하다

Younger people tend to be more familiar ~~about~~ (with) computers and other electronics.

젊은 사람들이 컴퓨터와 다른 전자기기에 더 익숙한 경향이다.

He is so much proud ~~to~~ (of) his poor parents.

그는 가난한 그의 부모님을 무척이나 자랑스러워한다.

3) 동사 + 전치사

add A to B	A를 B에 더하다	account for	설명하다
agree to+사물	동의하다	agree with + 사람	～에 동의하다
apply for	지원하다	approve of	～을 승인하다
apologize for	～에 대해 사과하다	assist with	～을 돕다
believe in	～을 믿다	belong to	～에 속하다
break down	고장나다	comply with	～을 준수하다
consist of	～로 구성되다	deprive of	～을 빼앗다
care about	～에 대해 걱정하다	care for	～을 좋아하다
concentrate on	～에 집중하다	depend on	～에 의존하다
face with	～에 직면하다	interfere with	～을 간섭하다
invest in	～에 투자하다	account for	～을 설명하다
benefit from	～로부터 이익을 얻다	succeed in	～에 성공하다
count on	의지하다	rely on	의존하다
recover from	회복하다	replace with	～을 대신하다
subscribe to	～을 구독하다	wait for	～을 기다리다
provide A with B	A에게 B를 제공하다	compensate A for B	A에게 B를 보상하다
prevent /stop/ keep A from –ing	A가 ～하지 못하도록 막다	consider/regard A as B	A를 B로 간주하다

I want to **add** some more sugar to my coffee.

나는 커피에 설탕을 좀 더 넣어야겠다.

She finally succeeded ~~to~~ (in) passing the entrance examination.

그녀는 마침내 입학시험에 합격했다.

★ ~에 성공하다 는 succeed in -ing 이다.

　succeed to + 명사는 계승하다, 이어받다의 뜻이다.

Mini Test

1. All of the employees were received a bonus (　　) the end of last month.
   - (a) by
   - (b) in
   - (c) to
   - (d) at

2. She has played the piano (　　) she was six years old.
   - (a) from
   - (b) for
   - (c) since
   - (d) during

3. (　　) of his age, he still enjoys dancing disco.
   - (a) In spite
   - (b) In case
   - (c) Despite
   - (d) Instead

4. Your mother looks very young (　　) her age.
   - (a) in
   - (b) at
   - (c) for
   - (d) by

5. His address is (　　) from impressive.
   - (a) long
   - (b) far
   - (c) all
   - (d) no

Unit 14 전치사 정답 및 해설

 정 답

| 1 | (d) | 2 | (c) | 3 | (a) | 4 | (c) | 5 | (b) |

 해 설

1.

"지난 달 말에"는 at the end of last month이다.

번역: 모든 직원들은 지난 달 말에 상여금을 받았다.

2.

since는 과거의 어느 시점에서 현재까지의 계속을 말한다.
since는 현재완료와 결합한다.

번역: 그녀는 여섯 살부터 피아노를 쳤다.

3.

"~에도 불구하고"의 뜻을 알아두자.
in spite of = despite + 구 = although + 주어 + 동사(절)
(a)의 In spite of 가 답이다.
in spite of와 despite는 전치사이므로 절이 나올 수 없다.
(c)의 despite는 다음에 전치사 of가 있기 때문에 답이 아니다.

in case of   …의 경우에는
instead of   …대신에

번역: 그의 나이에도 불구하고, 그는 여전히 디스코 춤을 즐긴다.

4.

"~에 비해"라는 뜻으로 전치사 for를 쓴다.

for her age   그녀의 나이에 비해

번역: 너의 어머니는 나이에 비해 아주 젊어 보이신다.

5.

impressive   감동적인 (= moving)

"결코 ~하지 않다"의 표현을 알아두자.

be far from

= be above ~ing

번역: 그의 연설은 전혀 감동적이지 않다.

Memo

저자약력

김 영 일 · 한국외국어대학교 영문과 졸업
· 동대학원 석사 · 박사졸업
· 문학박사
· 현) 경인여자대학교 교수

■ 저서
· 『토익 단어 이 책만 보면 꽉 잡는다』
· 『토익 숙어 이 책만 보면 꽉 잡는다』
· 『왜 birthday suit가 '벌거벗은'의 뜻일까』 외 다수

■ 논문
· 공간의 미학 "월러스 스티븐스의 C글자의 희극인"
· 예술가의 초상: 〈푸른 기타를 든 남자〉 외 다수

토익문법 완전정복

2011년 8월 25일 초판1쇄 발행
2014년 8월 20일 2판 1쇄 발행

저 자   김 영 일
펴낸이   임 순 재
펴낸곳   **한올출판사**
　　　　등록 제11-403호
　　　　[1][2][1] - [8][4][9]
　　　　주　　소 서울시 마포구 성산동 133-3 한올빌딩 3층
　　　　전　　화 (02) 376-4298 (대표)
　　　　팩　　스 (02) 302-8073
　　　　홈페이지 www.hanol.co.kr
　　　　e-메 일 hanol@hanol.co.kr
　　　　정　　가 13,000원

■ 이 책의 내용은 저작권법의 보호를 받고 있습니다.
■ 잘못 만들어진 책은 본사나 구입하신 서점에서 바꾸어 드립니다.
■ 저자와의 협의 하에 인지가 생략되었습니다.
■ ISBN 979-11-5685-023-6